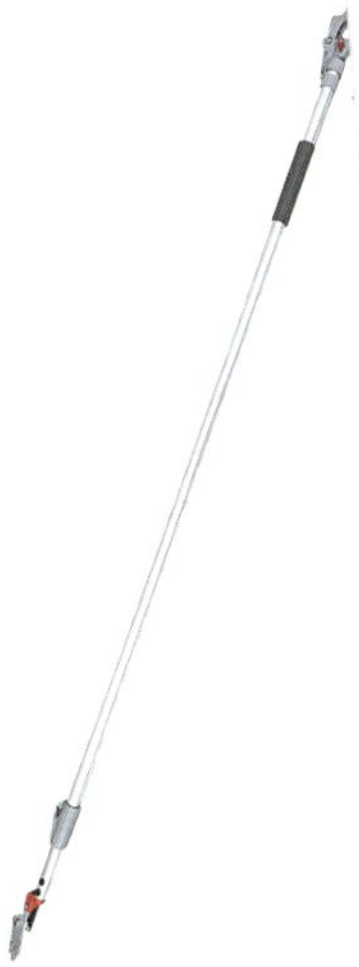

高枝切りバサミ

果実の収穫や伸びすぎた枝を自分で切ることができるので、高木がある場合、持っておくと安心です。

ホウキ

落ち葉や剪定した枝などを集めるのに使います。住宅密集地では落ち葉撤去は迅速に行う必要があります。

三角ホー

地面の雑草を削り取ることができます。立ったまま作業ができて楽。土を耕すことも可能です。

スコップ

穴を掘ったり、広い面積の土を掘り起こしたり、表土をならしたりするときなどに使います。

最低限必要なものから用意して

庭づくりのための道具は多種多様です。道具をひと通り揃えてから始めたい人、とりあえず身の回りにあるものや手軽に入手できるものから始めたい人、いろいろかもしれません。試しに庭づくりを始めてみようという場合なら、ここに挙げたような最低限のものを用意すればよいでしょう。

移植ゴテなど安価なものもありますが、ガーデニング専用のものは先が尖っていて、ていねいに仕事をする場合は使いやすくできています。頻繁に作業をするなら、手になじみやすいものがいちばんです。道具を使ったら汚れを落とし、必要に応じて手入れを。ガーデニング用の手袋もあると便利です。

道具の選び方

1. 実物を確かめる

自分にとっての使いやすさを手に取って確かめたほうがよいでしょう。インターネットで購入する場合も、事前に同形のものを触ってチェックしておくと安心です。

2. 使用方法を確認する

使ったことがないもの、今まで使ったものとタイプの異なるものを購入するときは、使用方法を確認しておきましょう。

3. 収納場所を考える

せっかく用意しても使いやすいところに収納できないと、使用頻度が少なくなってしまいます。収納スペースがあるかの確認を。

Small Garden

BOOK in BOOK

小さな庭づくりの基本

〈 庭づくりに役立つ植物図鑑付き 〉

tool

― 小さな庭づくりに必要な道具 ―

庭づくりを始めるときに必要な道具について紹介します。まずは最低限必要なものから用意するとよいでしょう。

ハンドフォーク

かたい地面をかいてやわらかくしたり、草取りをするのに使います。

移植ゴテ

花壇の土を掘り起こしたり、植え穴を掘ったりするときに使います。目盛りがついているものもあります。

ふるい

土の中のゴミや古い根などを取り除くときに使います。網目の大きさを替えられるものもあります。

土入れ

コンテナなどに土を入れるときに使います。移植ゴテよりもたくさんの土がすくえ、周囲に土がこぼれにくくなっています。

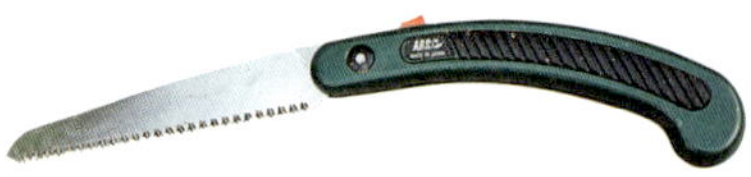

ノコギリ

太い枝を切るときに使います。刃の粗さ(ピッチ）を替えられる替え刃タイプのものもあります。

剪定バサミ

枝や茎を切るときに使います。刃が大きく開くため、太い枝も切ることができます。長く使うならメンテナンスを。

ジョウロ

植物の根元に注げるよう、はす口が取り外し可能なものを。

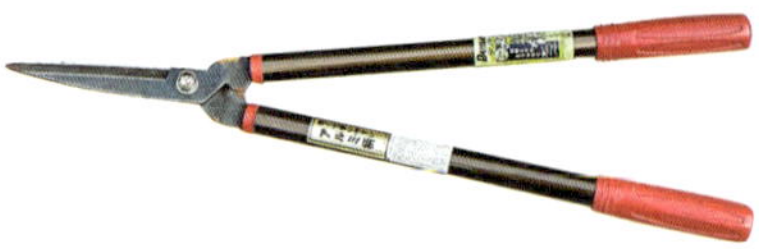

刈り込みバサミ

樹木を剪定したり、生け垣を刈り込むときなどに使います。長時間の作業でも疲れない軽量のものも。

soil

― 小さな庭の土づくり ―

ガーデニング上級者は植物に応じて自分で土を配合するほど奥深いものですが、ここでは初心者が取り組みやすい方法を紹介します。

培養土

初心者でもそのまますぐに使えるよう、用土が調整されたもの。元肥が含まれているものも。軽いものは乾燥しやすいので水やりに注意を。

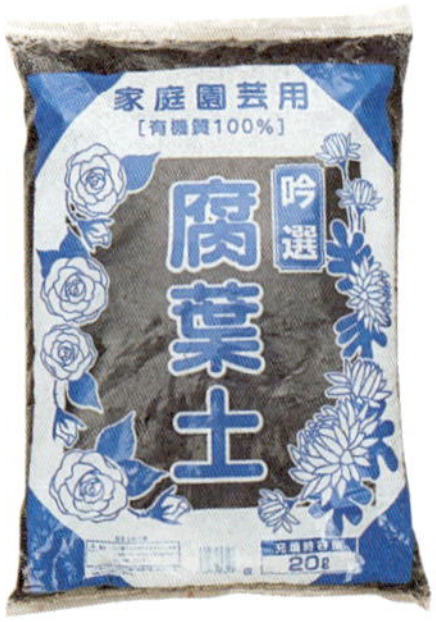

腐葉土

落ち葉を腐らせて土にしたもの。通気性、保水性、保肥性に富み、土の中の微生物を活性化させてくれます。

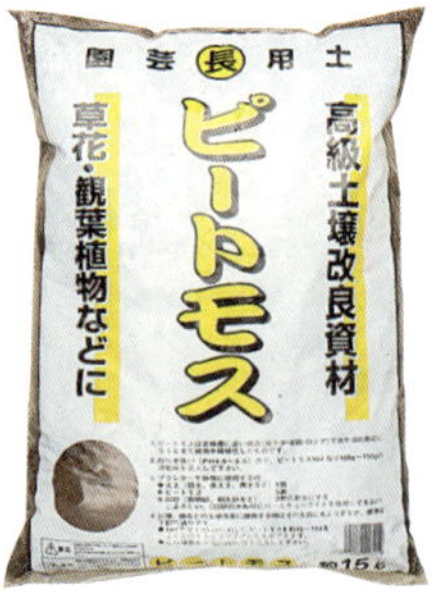

ピートモス

水苔などが堆積したものを乾燥させて砕いたもので、土に混ぜ込むことによって、アルカリ性に傾いている土を中和する働きがあります。

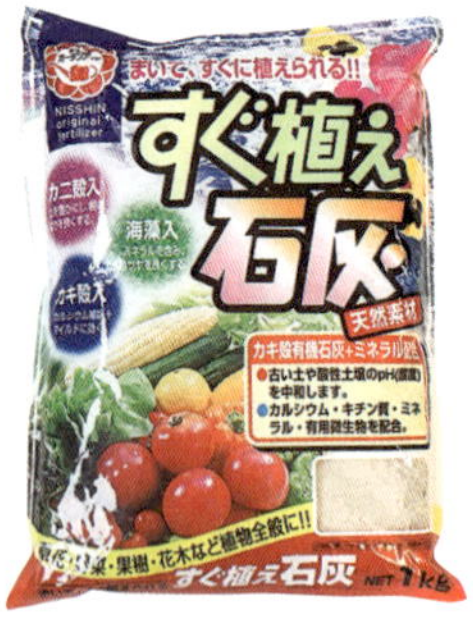

石灰

酸性に傾いている土を中和するもの。石灰分の多いものは散布後すぐに使えませんが、貝殻など有機成分のものは散布後すぐに使えます。

酸度をチェックして調整する

初めての場合、一般には庭スペースにもともとある土を利用して植物を植えることが多いでしょう。手順としては、植物を植えたい部分の雑草を抜き、土を耕します。できればキットや酸度計などを使用して、土壌の酸性度をチェックしてみます。酸性に傾いているときは石灰を、アルカリ性に傾いているときはピートモスを土に混ぜます。ここに左ページで紹介する手順で肥料を加え、植物を植えつけます。コンテナに植える場合は市販の培養土を使うとよいでしょう。袋を確認して元《もと》肥《ひ》が入っていればそのまま使えます。市販の培養土に腐葉土を混ぜて使ってもよいでしょう。

fertilizer

―小さな庭づくりの肥料の基本―

培養土に植えつけるだけでも草花は生長しますが肥料を施すと花つきのよさや葉のつやが違います。知っておくと役立つ基礎知識です。

P リン酸
開花、結実を促すため、不足すると花つきや実つきが悪くなる。

N チッ素
葉茎、枝、根を生長させる。不足すると葉が小さく、枯れることも。

K カリ
各部を生長させるが、なかでも根や茎を強くする。病害虫への抵抗力もつける。

固形肥料

粒の大きさによって土に混ぜ込んで使うタイプと土の表面に置くタイプがあり、緩やかに効きます。

液体肥料

そのまま使うタイプ、薄めて使うタイプがあります。速効性があり、トラブルに早く対処したいときに。

性質と用途に応じて使い分けても

植物の生長にはチッ素、リン酸、カリの3つの栄養素が欠かせません。一般には3つの成分がバランスよく入っているものを選びますが、トラブルがある場合などはより必要な成分が多く含まれているものを使います。

肥料には有機質肥料と無機質肥料（化学肥料）があります。有機質肥料は緩やかに効き、無機質肥料は速効性があります。また、植えつけ時に行う施肥を「元肥」、植えつけ後に必要に応じて施肥することを「追肥」といいます。元肥には牛ふんのほか、油かすなど固形状の有機質配合肥料がおすすめ。追肥には即効性のある液体肥料（液肥）が使いやすいでしょう。

care

小さな庭を育てるカンタン手入れ法

土づくり、施肥を適切に行って植物の性質に合った環境で育てれば、最低限のケアで庭をきれいに保てます。

剪定

伸びすぎた枝を整理したり古い枝を新しい枝に更新するため、不要な枝を切ります。

切り戻し

伸びすぎた茎を切ると、脇芽が伸びて、再び花を咲かせます。

花がら摘み

花が咲き終わったら、花のついている茎の葉のすぐ上で切るか、地際で茎ごと摘みます。

分球

大きくなった球根を掘り上げ、手で親球のまわりにできた子球をいくつかに分けます。

挿し芽

新芽を5～6cmにカットし、下の葉を落として挿し床に挿します。根元側に発根剤をつけるとより旺盛に。

株分け

宿根草の株が大きくなったら掘り上げて、株が分かれているところを手かハサミで分けます。

健康な状態を保つため メンテナンスを

毎日の手入れが大切なのは水やりです。水はけのよい土に植えてある場合は、毎日1回、たっぷりと水やりを。コンテナや鉢に植えているときは、常に土が湿っていると根腐れを起こすことがあるので、乾き具合を見ながら与えましょう。どちらの場合も株元に直接与えます。

花が咲き終わったら花がらをこまめに摘み取ります。いつまでも放置していると見た目が悪いばかりか生長が滞ったり、病害虫被害にあうことも。生長しすぎた株を整えたり、花数を増やすための切り戻しも株の健康を保ちます。必要に応じて株分けや分球、挿し芽なども。

pest

―小さな庭で気をつけたい病害虫―

小さくても庭は自然の一部。完全に病気や害虫被害を避けることはできません。早期発見、早期対処を。主な病害虫症状と対処法を紹介します。

主な害虫と対処法

害虫名	発生時期	主な症状	対処法
アブラムシ	4～6月、 9～10月	特に新芽や葉の裏などに群生し、植物の汁を吸って弱らせる。ウイルスやふんが病気を媒介する。	密植を避け、こまめに観察。すぐに増えるので発見したらこすり落とす。オルトラン、スミチオンなどが有効。
カイガラムシ	通年	枝や葉茎に白や灰色の貝殻に似た虫がつき、植物の汁を吸って弱らせる。	風通しをよくし、歯ブラシでこすり落とす。予防にはアクテリックが有効。
センチュウ	4～10月	肉眼では見えない回虫が根の組織内に入り込み、養分を吸収する。植物が弱り、根にコブをつくる種類も。	発生した根は焼却し、土やコンテナは消毒する。木酢液や土壌洗浄剤が有効。
イモムシ、 ケムシ	4～10月	チョウやガの幼虫。若葉や花を食害する。葉脈を残して葉に穴をあけ、急速に広がる。	見つけ次第捕殺する。触れるとかぶれるものもあるため、扱いに注意する。スミチオン、オルトランなどが有効。
ナメクジ、 カタツムリ	屋外：3～11月 屋内：通年	若葉、つぼみ、果実などを食害する。	湿った場所を好むので、コンテナなどは風通しのよいところに置く。ビールや米のとぎ汁、誘引剤などを置いて出てきたところを捕殺する。
ハダニ	4～10月	葉裏につくが肉眼では見えにくく、白い斑点のように見えたり、葉が縮れたりする。	風通しをよくし、葉に水をかけて予防。早期発見、早期駆除が大切で発生後は殺ダニ剤が有効。

主な病気と対処法

病気名	発生時期	主な症状	対処法
赤星病	4～10月	庭木、果樹の葉に赤い斑点ができ、葉裏は毛羽立ってふくらむ。	風通しをよくし、水やりのとき葉に水がかからないよう、根元に。病気になった葉はすぐに処分。
ウドンコ病	4～11月	葉茎の表面にカビが生え、白い粉をふいたようになる。	風通しをよくし、午後以降の水やりは避ける。発病した葉茎は取り除き、カリグリーン、ベンレートなどを散布。
黒斑病	4～10月	カビによって葉に不規則な黒斑点ができ、やがて落葉する。	風通しをよくし、発病した葉は枝ごと取り除き処分する。ダコニールなどが有効。
すす病	通年	アブラムシやカイガラムシのふんにできたカビが原因で、葉茎はすすがついたようになる。	原因となる害虫を発生させないようにする。スミチオン、オルトランなどが有効。
立ち枯れ病	4～10月	土が酸性化し、水はけが悪いときに発生しやすい。下から葉が枯れ上がっていく。	風通し、水はけをよくし、発生したら株を抜いて周囲の土ごと処分する。ベンレートなどが有効。
軟腐病	4～10月	植物の傷口から細菌が入り、根元が腐って悪臭を放つ。	切るときは清潔な刃物を使う。発病した株は根元から抜いて処分する。発病後は薬剤効果が劣る。予防ならストマイ液剤などの散布を。

水やりのときに株の状態の観察を

まずは病害虫被害を予防することから。毎日の水やりのときに、葉やつぼみに異変はないかどうか確認しておきましょう。特に葉の裏に被害が現れやすいので注意しておくとよいでしょう。病害虫は葉茎が込み合ったところで多く発生します。多年草は多湿になる梅雨の前に一度切り戻しをしておくとよいでしょう。こまめに花がら摘みや枯葉を取り除くことも予防には効果的です。また、苗を選ぶときに病害虫に強い品種を選ぶのも一法です。何より、丈夫な苗を選び、よい土で育てていくことが大切です。植えつけのときに枯れたり傷んだりしている葉や根は取り除いておきます。

一年草

Annual

種をまいてから1年以内に花を咲かせ、結実して枯れる植物を一年草といいます。生育が早いため、花期が長いのが特徴。色とりどりの花で楽しませてくれます。こぼれ種で増やす場合以外は、花が終わったら株を取り除き、次のシーズンに咲く一年草を植えます。

ビオラ　Viola

スミレ科

植えつけ時期	▸10～3月
花期	▸11～6月
花の色	▸赤、ピンク、紫、青、黄など
草丈	▸10～20cm

特徴　パンジーの小輪タイプ。花がたくさんつき、長く楽しめる。寄せ植えやハンギングにも。

育て方のコツ　日当たりがよい場所、水はけのよい土を好む。花が咲き始めたら週に1回程度、液肥を。花がしおれたら花がら摘みをする。

デージー　Bellis perennis

キク科／別名 ヒナギク、チョウメイギク

植えつけ時期	▸12～4月
花期	▸12～6月
花の色	▸赤、ピンク、白など
草丈	▸10～20cm

特徴　本来は多年草ですが、日本では夏越しが難しく一年草扱い。寒さには比較的強いため、花が長く楽しめる。

育て方のコツ　日当たりのよい場所で育てる。ただし乾燥を嫌うので水切れには注意。極端な低温と霜を避け、花後は花がら摘みを。

ボリジ　Borago officinalis

ムラサキ科／別名 ルリヂシャ、スターフラワー

植えつけ時期	▸3～4月、9～10月
花期	▸5～7月
花の色	▸青紫、白など
草丈	▸50～100cm

特徴　ヨーロッパでは利尿・鎮痛効果のあるハーブとして知られ、若い葉はサラダに。花は砂糖漬けにして食用。

育て方のコツ　酸性土を嫌う。秋に種をまくか、春に苗を植える。こぼれ種でもよく育つ。日当たりがよく水はけのよい場所では大株に。

カレンデュラ Calendula officinalis

キク科／別名 キンセンカ、ポットマリーゴールド
※写真は‘コーヒークリーム’

植えつけ時期	12〜2月
花期	2〜5月
花の色	オレンジ、黄
草丈	20〜60cm

特徴　大輪の八重花の品種が多いが、一重咲きの品種も。

育て方のコツ　節を残して花がら摘みをすると、脇芽が出て次々に花を咲かせる。ウドンコ病になりやすいので、風通しよく育てる。

ワスレナグサ Myosotis sylvatica

ムラサキ科／別名 ミオソティス、エゾムラサキ

植えつけ時期	3〜4月、9〜11月
花期	4〜5月
花の色	青、紫、ピンク、白
草丈	20〜50cm

特徴　はかなげな姿と名前によらず、意外に丈夫。花の中心に黄色や白の目があるのが特徴。こぼれ種で育ち、花壇を埋めるのに適切。

育て方のコツ　種まきの場合、覆土は厚めに。元肥は与えるが花つきが悪くなるため、生長中の過度な施肥は不要。

バーベナ Verbena

クマツヅラ科／別名 ビジョザクラ

植えつけ時期	3〜4月、9月
花期	5〜10月
花の色	赤、ピンク、黄、紫、白
草丈	10〜30cm

特徴　品種が非常に多く、花の形、色、草丈、大きさも様々。草丈が高い宿根草タイプもある。

育て方のコツ　日当たりがよく水はけのよいところを好む。開花期間は花がら摘みと追肥を。ウドンコ病が発生しやすいのでよく観察をしておく。

サルビア類 Salvia

シソ科
※写真は‘コクシネア’

植えつけ時期	4〜6月
花期	4〜12月
花の色	赤、白、青、紫など
草丈	30〜100cm

特徴　日本では赤い‘スプレンデンス’がおなじみだが品種は多種多様。本来多年草だが寒さに弱く、一年草扱いに。

育て方のコツ　日なたの水はけのよい場所で育てる。高温多湿を嫌うため、花後は切り戻しをすると、秋にはまとまりある姿で再び花を楽しめる。

ペチュニア　Petunia

ナス科／別名 ツクバネアサガオ

植えつけ時期
▸4〜6月
花期
▸5〜10月
花の色
▸赤、ピンク、紫、黄、青、白
草丈
▸20〜50cm

特徴　園芸種が続々とつくり出されており、花の色、大きさ、形、広がり方（直立、ほふく）も様々。

育て方のコツ　梅雨に入る前に一度切り戻すと伸びすぎを防ぎ、脇芽を多く出して花数が増える。近年は雨に強いものが増えている。

エキウム　Echium

ムラサキ科／別名 シャゼンムラサキ

植えつけ時期
▸3〜4月、9〜10月
花期
▸5〜7月
花の色
▸ピンク、紫、青、白
草丈
▸30〜90cm

特徴　カップ状の花をたくさん咲かせる。つぼみのうちはピンクで開花すると青へと色が変わる様が美しい。

育て方のコツ　ややアルカリ性の土壌を好むので、植えつけ前に石灰で中和を。過湿を嫌うので乾燥気味に育てる。肥料は元肥のみで追肥は不要。

スターフロックス　Phlox drummondii

ハナシノブ科／別名 キキョウナデシコ

植えつけ時期
▸9〜10月
花期
▸6〜9月
花の色
▸赤、ピンク、紫、白、複色
草丈
▸20〜25cm

特徴　花びらに切れ込みがあり、星のように見える。同じドラモンディ種では丸い花びらのものもある。

育て方のコツ　過湿に弱いので乾燥気味に育てる。次々と花が咲くので病気を予防するためにも、こまめに花がら摘みをする。

オンファロデス　Omphalodes

ムラサキ科
※写真はリニフォリア種

植えつけ時期
▸3〜4月、10〜11月
花期
▸4〜6月
花の色
▸青、紫、白
草丈
▸30〜40cm

特徴　白い小花が咲き乱れ、草原風の花壇や寄せ植えに映える。こぼれ種でよく増える。

育て方のコツ　水はけのよい土で乾燥させないように育てる。開花までの生長期は月に３〜４回、液肥を与える。

フレンチマリーゴールド　Tagetes patura

キク科／別名 クジャクソウ

植えつけ時期
▸4～6月
花期
▸5～11月
花の色
▸赤、オレンジ、黄、白、複色
草丈
▸20 ～ 50cm

特徴　アメリカからフランス経由で伝わった種。小輪で鉢植えにも向く。一重と八重咲きがある。

育て方のコツ　丈夫だが、過湿と肥料（特にチッ素）過多に注意。暑くなって花がひと休みしたら、切り戻すと秋になってから再び咲き始める。

ジニア　Zinnia

キク科／別名 ヒャクニチソウ

植えつけ時期
▸4～6月
花期
▸5～11月
花の色
▸赤、オレンジ、黄、ピンク、紫、白、複色
草丈
▸15～100cm

特徴　開花期間がとても長い。花色が豊富で一重、八重などがあり、草丈も低いものから高いものまである。

育て方のコツ　基本的に丈夫だが、乾燥しすぎると株が弱るのでしおれ気味のときはたっぷりと水を。蒸れているときは風通しをよくする。

ヤグルマギク　Centaurea cyanus

キク科／ヤグルマソウ、セントーレア

植えつけ時期
▸3～4月、10～11月
花期
▸4～6月
花の色
▸ピンク、紫、白、黄
草丈
▸30～100cm

特徴　野生種から園芸種まで多くの品種がある。長く伸びた茎の先に清楚な花をつける。

育て方のコツ　やや酸性を嫌うので、植えつける前に石灰で中和を。肥料過多になるとひょろひょろと伸びすぎる。必要に応じて支柱を添えるとよい。

アグロステンマ　Agrostemma

ナデシコ科／別名 ムギセンノウ、ムギナデシコ

植えつけ時期
▸3～4月、10～12月
花期
▸5～6月
花の色
▸ピンク、白、紫、赤
草丈
▸60～90cm

特徴　大輪をつけた細い茎が風になびく様子が美しい。麦のような細長い葉をつける。

育て方のコツ　日当たりと水はけがよければ施肥をしなくても育つ。花壇に植えておけば、こぼれ種で毎年花を楽しむことができる。

多年草・宿根草

perennial plant

何年も同じ場所で花を咲かせ続けます。手間がかかりませんが、花期が短いので、カラーリーフプランツや一年草と組み合わせるとよいでしょう。多年草の中でも、冬に地上部が枯れ、春になると芽を出して生長し始めるものを「宿根草《しゅっこんそう》」といいます。球根を植えつけて花を楽しむ植物を球根植物といいます。

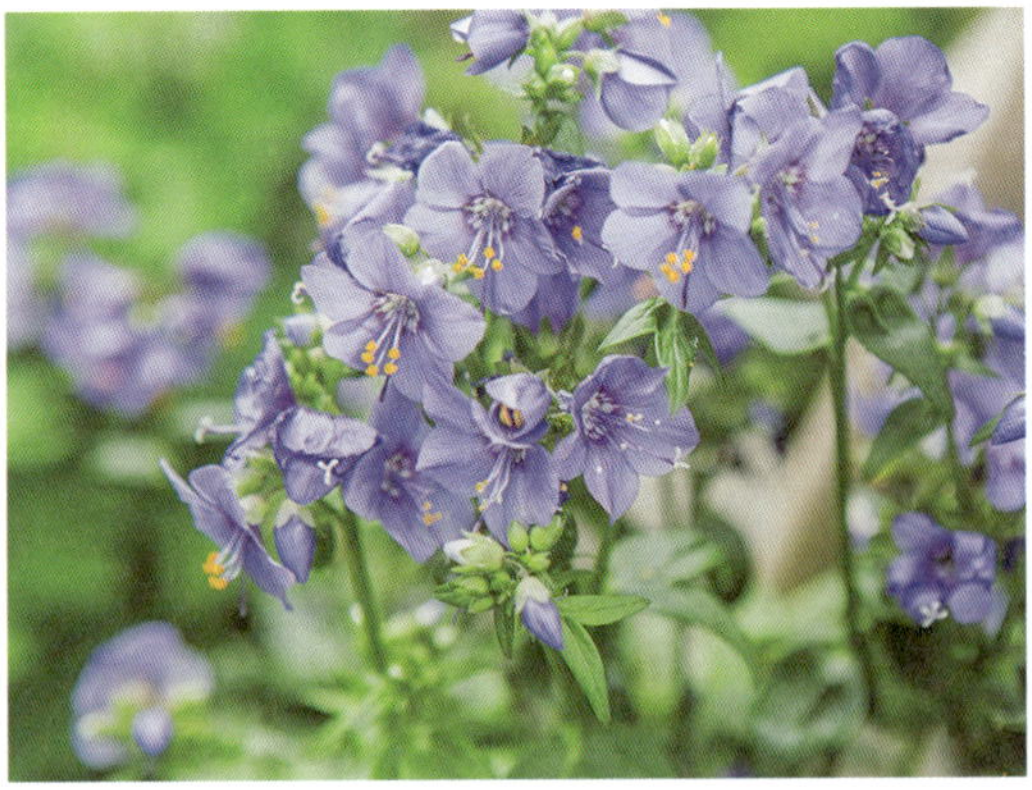

セイヨウハナシノブ　Polemonium

ハナシノブ科／別名 ポレモニウム

植えつけ時期
- 3～4月、9～10月

花期
- 5～7月

花の色
- 紫、白など

草丈
- 40～50cm

特徴　すっと伸びた茎に小さな花を複数つける。葉は羽根状で、花壇に変化をもたらす。

育て方のコツ　日当たりがよく、水はけのよい土で育てる。夏の暑いときは半日陰になるところがベター。花が終わったら茎ごと切っておく。

ゲラニウム　Geranium

フウロソウ科／別名 フウロソウ
※写真は‘ビルウォリス’

植えつけ時期
- 3月、10月

花期
- 5～8月

花の色
- ピンク、紫、白など

草丈
- 10～60cm

特徴　世界に400種以上自生しているうえ、園芸種も増えている。楚々とした草姿が自然風な花壇に人気。

育て方のコツ　寒さに強いが過湿と乾燥を嫌う。蒸れないように注意を。花後は切り戻しておく。3～4年ごとに株分けをする。

ユーフォルビア・キャラシアス　Euphorbia characias

トウダイグサ科

植えつけ時期
- 3～5月、9～11月

花期
- 3～6月

花の色
- 黄緑

草丈
- 50～120cm

特徴　花のように見えるのは苞《ほう》（つぼみを包んでいた葉）。その中の小さな花が円柱状につく。

育て方のコツ　日当たり、水はけ、風通しのよいところで育てる。花後は切り戻すが、切り口から出る液でかぶれることがあるので注意する。

デルフィニウム　Delphinium

キンポウゲ科／別名 オオヒエンソウ

植えつけ時期	花期	花の色	草丈
4～5月、9～10月	5～6月	青、紫、ピンク、白、複色	20～150cm

特徴　ギリシャ語の「イルカ」が名前の由来で、動きのある大きな花穂《かすい》が印象的。八重咲きと一重咲きがある。

育て方のコツ　酸性土を嫌うので中和をしておく。丈が高くなるものは植えつけ時に株間を十分にあける。花後に切り戻すと、再び花を咲かせる。

セイヨウオダマキ　Columbine

キンポウゲ科／別名 アキレギア

植えつけ時期	花期	花の色	草丈
2～4月	4～6月	紫、ピンク、白、黄、赤	20～60cm

特徴　５月から６月に花茎を伸ばし、花は下向きに咲く。園芸種や改良種がとても多く、花色が豊富。

育て方のコツ　夏の暑さに弱いので、落葉樹の下などが適している。冬の間の低温に触れないと花をつけないため、鉢は置き場所に注意する。

クロバナフウロ　Geranium phaeum

フウロソウ科

植えつけ時期	花期	花の色	草丈
3月、10～11月	4～6月	チョコレート色	50～80cm

特徴　元はヨーロッパの高山植物。ゲラニウムの一種で暖かいところでも育てやすい。花は小ぶり。

育て方のコツ　日当たりと水はけのよい土で育てる。夏の暑さを嫌うので、半日陰となる落葉樹の下で育てるとよい。約３年ごとに秋に株分けをする。

アイリス　Iris

アヤメ科

植えつけ時期	花期	花の色	草丈
10～11月	4～5月	紫、黄、白、青、複色	50～70cm

特徴　カラフルな花色で華やか。アヤメと違って乾燥気味なところで育つため、コンテナ栽培も可。

育て方のコツ　酸性土を嫌うので植えつけ前に中和を。株が大きくなるので間隔を十分にあけて植えつける。日当たりと風通しのよい場所で育てる。

アジュガ　Ajuga reptans

シソ科／別名 セイヨウキランソウ

植えつけ時期	3〜4月、10〜11月
花期	4〜6月
花の色	青紫、ピンク、白など
草丈	10〜20cm

特徴　常緑で葉も美しく、グラウンドカバーとしても使える。耐陰性があるので、シェードガーデンにも。

育て方のコツ　保水性のある土地を好むものの、蒸れには注意。ランナーを伸ばして増え、大きくなりすぎたら春または秋に株分けをする。

リクニス・コロナリア　Lychnis coronaria

ナデシコ科／別名 フランネルソウ

植えつけ時期	3〜4月
花期	6〜7月
花の色	白、ピンク、赤、複色
草丈	60〜80cm

特徴　花のない時期にはシルバーの茎と葉だけでも楽しめる。すらっと草丈が高く、すっきりとした草姿が目を引く。

育て方のコツ　日なたで乾燥気味に育てる。こぼれ種でどんどん増えていく。花後は切り戻し、冬になる前に葉茎は地際で切り落としておく。

寺岡アザミ　Cirsium japonica

キク科

植えつけ時期	4〜5月
花期	5〜9月
花の色	赤、ピンク
草丈	100〜150cm

特徴　ノアザミを改良した園芸種で、深い赤色やピンク色が印象的。花壇を立体的にすることができる。

育て方のコツ　春から夏はたっぷり水やりをし、秋からは控えめに。茎が伸びてしなってきたときは、支柱を添えるとよい。

プルモナリア　Pulmonaria saccharata

ムラサキ科

植えつけ時期	3〜4月、9〜10月
花期	4〜6月
花の色	紫、ピンク、白
草丈	10〜40cm

特徴　つぼみのときはピンク、開花すると青色になる品種も。耐陰性で、斑入り葉もあるため、日陰の庭でも。

育て方のコツ　暑さと乾燥を嫌うため、落葉樹の下に植えつけるとよい。株が大きくなったときは、春か秋に株分けをする。

ムスクマロウ Malva moschata

アオイ科／別名 ジャコウアオイ

植えつけ時期	3～4月、10月
花期	7～9月
花の色	ピンク、白
草丈	30～60cm

特徴　まっすぐに伸びた茎に、紙でできているような花をつける。葉はかすかに「ジャコウ」の香りがする。

育て方のコツ　日当たりがよく水はけのよいところで育てる。寒さに強いが冬は地上部が枯れるので、茎花を地際で切っておく。

ヘリオプシス Heliopsis helianthoides

キク科／別名 ヒメヒマワリ

植えつけ時期	3～4月
花期	6～10月
花の色	黄
草丈	100～120cm

特徴　一重咲きと八重咲きがあるが、一重咲きのほうが強健でこぼれ種で増えやすい。

育て方のコツ　日がよく当たり、水はけのよいところで育てる。倒れやすいので丈が伸びてきたら支柱を。花後に切り戻すと、秋にまた咲き始める。

ガウラ Gaura

アカバナ科／別名 ハクチョウソウ、ヤマモモソウ

植えつけ時期	10～11月
花期	4～10月
花の色	白、赤、ピンク、複色
草丈	30～100cm

特徴　白蝶草の名前のように、蝶が羽を広げたような上品な花。長い期間、細い茎に次々と花を咲かせていく。

育て方のコツ　日当たりと水はけがよければ、元肥を入れればよく育つ。丈が高くなる品種は適度に切り戻していくとよい。

ヘリアンサス Helianthus

キク科／別名 宿根ヒマワリ

植えつけ時期	3～4月、10～11月
花期	7～9月
花の色	黄
草丈	60～200cm

特徴　小さなヒマワリがたくさんついているよう。葉は細長く、放っておくとどんどん茂る。

育て方のコツ　日当たり、水はけのよいところで育てる。施肥はせず、茂りすぎを防ぐため、草丈15～20cmで摘芯をしておくとよい。

宿根ロベリア　Lobelia sessilifolia

キキョウ科／別名 オオロベリアソウ、サワギキョウ
※写真は‘シフィリティカ’

植えつけ時期	3月、11月
花期	8～9月
花の色	紫、白、ピンク、青
草丈	40～100cm

特徴　茎を長く伸ばし、花が密集して咲く見ごたえのある花。自生種のほか園芸種も数多くある。

育て方のコツ　日当たりのよいところで、たっぷり水やりをして育てる。肥料は控えめに。多年草だが、こぼれ種でもよく増える。

ツルケマンソウ　Dicentra scandens

ケシ科

植えつけ時期	2～6月
花期	4～6月
花の色	黄
草丈	100cm

特徴　ネパール～中国西部に自生するつる性のケマンソウ。細い花茎に黄色の花をたわわにつける。

育て方のコツ　半日陰で風通しのよいところで育てる。冬は地上部が枯れるが地下では根が生きている。寒冷地では冬は根を掘り上げておく。

クレマチス　Clematis

キンポウゲ科／別名 テッセン

植えつけ時期	2～3月
花期	4～10月、12～2月
花の色	白、紫、ピンク、赤、黄など
草丈	1～5m（つるの長さ）

特徴　狭いスペースを彩るのに役立つ。数百という園芸種があり、花の色や形ばかりでなく、花期や性質も様々。

育て方のコツ　日なたを好むが、真夏の直射日光は避ける。乾燥しやすい場所の株元にはマルチングを。品種によって剪定方法が異なるため、要確認。

ダリア　Dahlia

キク科／別名 テンジクボタン

植えつけ時期	3～5月
花期	5～11月
花の色	赤、白、ピンク、紫、オレンジ、黄
草丈	20～150cm

特徴　夏の庭に映えるくっきりとした色が魅力。園芸種は数万種あるともいわれ、花の形、色は豊富。

育て方のコツ　日当たりと水はけのよい場所で。追肥は必要ない。関東以北では秋に球根を掘り上げ、春に分球して植えつける。

シレネ　Silene

ナデシコ科
※写真は‘ブルガリス’

植えつけ時期	4～5月
花期	7～9月
花の色	白、ピンク
草丈	30～60cm

特徴　シレネのうち草丈が高くなるものが多年草。花の色や形は様々。写真の品種は、風船状のがくがふっくらとしていてかわいらしい形。

育て方のコツ　日当たりを好むが暑さを嫌うので、関東以南では西日を避けて植える。

マトリカリア　Tanacetum parthenium

キク科／別名 ナツシロギク、フィーバーヒュー

植えつけ時期	4月、9月
花期	6～8月
花の色	白、黄
草丈	30～80cm

特徴　ハーブとしても知られ、かわいらしい姿ながら独特な香りを持ち、虫を寄せつけない効果も。

育て方のコツ　丈夫で種からでもよく育つ。夏の暑さで株を疲れさせないためには秋植えがおすすめ。過湿を嫌うので、水はやりすぎないようにする。

ミカエルマスデージー　Michaelmas daisy

キク科／別名 宿根アスター

植えつけ時期	4～5月、9～10月
花期	8～10月
花の色	白、紫、ピンク
草丈	50～150cm

特徴　丈夫で初心者にも育てやすい。色のきれいな小花をたくさんつけ、コンテナにも庭植えにも映える。

育て方のコツ　日当たり、水はけのよいところで育てる。大きくなりやすいので梅雨前に切り戻しておくと草丈が抑えられ、花つきもよくなる。

ダイアンサス　Dianthus

ナデシコ科／別名 ナデシコ
※写真は‘ナッピー’

植えつけ時期	4～5月
花期	6～8月
花の色	ピンク、赤、白、黄、紫
草丈	10～30cm

特徴　原種だけでも数百あり、そこからとても多くの園芸種がつくられている。花姿、花色も様々。

育て方のコツ　丈夫で手間がかからない。日当たりのよいところで、たっぷり水をやりながら育てる。花の咲き具合や葉の色を見ながら施肥する。

カラミンサ　Calamintha

シソ科／別名 カラミント

植えつけ時期
3～4月
花期
5～9月
花の色
白、ピンク、紫
草丈
30～45cm

特徴　ハーブで葉茎からはミントの香りがする。品種によって花の色や大きさが異なる。

育て方のコツ　地植えにする場合は大きな株になるため、株間をあけて植えつける。乾燥期は地植えでも水やりをする。花が咲いている間は追肥を。

アノダ　Anoda cristata

アオイ科／別名 ミズイロアオイ

植えつけ時期
2～6月、9～10月
花期
6～11月
花の色
紫、白、青
草丈
60～120cm

特徴　花は一日しか咲いていないが、次々と花を咲かせるため、長い期間楽しめる。

育て方のコツ　日当たり、水はけのよう場所で育てる。生育に問題がなければ追肥は特に必要ない。寒冷地では一年草のように種をまくとよい。

フロックス パニキュラータ　Phlox paniculata

ハナシノブ科／別名 オイランソウ、クサキョウチクトウ

植えつけ時期
2～4月
花期
6～10月
花の色
ピンク、紫、白
草丈
70～120cm

特徴　細い茎の先に複数の花がかたまって半球のように咲く。夏の花壇のアクセントに。

育て方のコツ　酸性土を嫌うので石灰で中和しておく。花後は切り戻すと再び花が咲く。株が大きくなるので、3年程度で株分けをする。

ラナンキュラス ゴールドコイン　Ranunculus repens

キンポウゲ科

植えつけ時期
3～5月、9～11月
花期
4～5月
花の色
黄
草丈
15～30cm

特徴　小さな八重咲きの花を次々に咲かせる。ランナーを伸ばして旺盛に増えていく。

育て方のコツ　半日陰のところでも育つが、水辺など保水性のある土で育てる。高温多湿に弱いので、夏は地植えでも水やりを。伸びすぎた茎は間引く。

ユリ　Lily

ユリ科
※写真は‘マレロ’

植えつけ時期	3〜4月、10〜11月
花期	4〜8月
花の色	白、オレンジ、紫、赤、黄
草丈	60〜200cm

特徴　各地に自生するもののほか、園芸種も多数。大輪で初夏から夏の花壇を華やかにする。

育て方のコツ　球根は秋植えのほうが簡単。種類によって日当たりの好みが異なるので注意を。高く育つもの、大輪のものは早めに支柱を添える。

ハナトラノオ　Physostegia virginiana

シソ科／別名 フィソステギア、カクトラノオ

植えつけ時期	3〜4月、9〜10月
花期	7〜9月
花の色	ピンク、白、紫
草丈	40〜100cm

特徴　花が虎の尾に似ていることから名付けられた。淡い色の花が真夏の花壇をさわやかに演出する。

育て方のコツ　日当たりがよく、やや湿り気のあるところで育てる。肥料過多になると丈ばかり伸びるので注意。花後は切り戻すと再び咲く。

ルリタマアザミ　Echinops ritro

キク科／別名 エキノプス

植えつけ時期	9〜11月
花期	7〜8月
花の色	紫、白
草丈	70〜100cm

特徴　夏に涼しげでポンポンのような球形の花をつける。ドライフラワーにもできる。

育て方のコツ　酸性の土を嫌うので、植えつけ前に石灰で中和する。暑さに弱いので西日が当たらないところに植える。花後は茎を刈り取って追肥を。

ホリホック　Alcea rosea

アオイ科／別名 タチアオイ

植えつけ時期	4〜10月
花期	7〜8月
花の色	白、赤、ピンク、黄、黒
草丈	90〜200cm

特徴　梅雨の時期から急速に草丈を伸ばし、下から順に花をつけ、夏を象徴する植物の一つ。

育て方のコツ　日当たりがよく水はけのよいところで。伸長する直前に株元に固形肥料を与える。花後は花がらを取り除き、すべて咲いたら花茎を切る。

ヒューケラ　Heuchera

ユキノシタ科／別名 ツボサンゴ

植えつけ時期	3～5月、10～11月
花期	5～7月
葉の色	緑、黄、赤など品種によって異なる
広がり方	株ごとに大きくなる

特徴　葉が重なりながらコンパクトに生長。手をかけなくてもほぼ同じ草姿を保っている。

育て方のコツ　基本的に暑さ、寒さ、乾燥に強いが品種によっては葉焼けすることがあるので注意する。

ヒメイワダレソウ　Lippia canescens

クマツヅラ科／別名 リピアカネスケンス

植えつけ時期	4～7月
花期	5～9月
葉の色	緑
広がり方	ほふくしながら横へ旺盛に広がる

特徴　ピンクの丸い花がかわいい。手をかけずに広がり、雑草よけにもよいが、広がりすぎには注意する。

育て方のコツ　グラウンドカバーに適しているが、ほかの植物を駆逐するほど旺盛なので、植える場所には注意する。

ヘデラ ヘリックス　Hedera helix

ウコギ科

植えつけ時期	4～9月
花期	11月
葉の色	つややかな緑色。斑入りも
広がり方	つる性で這い登る

特徴　観葉植物としても知られる。カエデのような形の葉で、小さな花をたくさんつける。

育て方のコツ　乾燥に強いが乾きすぎると葉を落とすため、表面が乾いたら水やりを。日陰でも育てられる。

フッキソウ　Pachysandra terminalis

ツゲ科／別名 キッショウソウ

植えつけ時期	3～11月
花期	4～5月
葉の色	濃い緑色のほか、斑入りも
広がり方	草姿を乱さずに低く、こんもりと広がる

特徴　常緑で肉厚な葉をもつ。斑入りのものは周囲を明るくする。グラウンドカバーとしてよく用いられる。

育て方のコツ　丈夫で手入れをしなくてもきれいに広がる。半日陰が適地。水はけがよく、保水性のある土で育てるとよい。

メキシコマンネングサ　Sedum mexicanum

ベンケイソウ科／別名 セダム

植えつけ時期	3～5月、9～10月
花期	4～6月
葉の色	緑→赤茶と季節で変わる
広がり方	地面を這うように広がる

特徴　セダム類の中でも特に厳しい生育環境で育つ。春に咲かせる黄色の花もかわいらしい。

育て方のコツ　日当たりがよく、水はけのよい場所を好む。鉢植えの場合は川砂など水はけのよい土を混ぜる。やせ地でも育つ。

ホスタ　Hosta

キジカクシ科／別名 ギボウシ

植えつけ時期	2～3月、9～10月
花期	6～9月
葉の色	筋の入った緑色。斑入りのものも
広がり方	株元から放射状に広がる

特徴　大型、中型、小型のものがある。葉の形や色は品種によって様々。伸びた茎にたくさんの花をつける。

育て方のコツ　半日陰が適地。日陰では徒長するが育つ。冬の前に葉を枯らしたら取り除いておく。肥沃な土なら特に施肥の必要はない。

カレックス‘ブロンズカール’　Carex comans ‘Bronze Curls’

カヤツリグサ科

植えつけ時期	3～5月、9～11月
花期	3～5月
葉の色	枯れた色のような細い銅葉
広がり方	株ごとに大きくなる

特徴　ふんわりと葉が茂り、細い葉が風になびく姿が美しい。庭のアクセントにもなる。

育て方のコツ　しっかり日に当てることで発色がよくなる。古い葉は定期的に取り除いておく。株分け時に慎重に扱わないと枯れることも。

ディアネラ（斑入り）　Dianella ensifolia

ススキノキ科／別名 キキョウラン

植えつけ時期	3～5月、10～11月
花期	5～7月
葉の色	光沢があり、葉の縁に斑が入る
広がり方	株が大きくなる

特徴　星形の花を咲かせ、その後実がなる。葉のほか花も実も楽しめる。

育て方のコツ　日当たりと水はけのよい場所で育てる。表土が乾いたらたっぷり水やりを。真夏の葉焼け、厳寒期の落葉に注意する。

バラ

Rose

庭を持ったらぜひバラを育てたいと考えてきた人も多いことでしょう。小さな庭の中でほかの植物の緑ともよく合うバラを紹介します。壁面や塀、フェンスやアーチにつるバラを這うわせるのはもちろんのこと、木立ちタイプのバラでも花壇に植えたり、鉢植えを組み合わせたりすることができます。

グレイス　Grace

花の色	▸アプリコット
花径	▸中
咲き方	▸四季咲き
作出	▸2001年　イギリス

特徴　木立性で小菊のように細い花弁をもつ。花つきがとてもよく、しだれるように咲く。秋まで続けてよく咲く。香りは強い。

適した場所　花壇、塀際のスペース、鉢

プリ・PJ・ルドゥーテ　Prix P.J.Redoute

花の色	▸ピンク
花径	▸中
咲き方	▸繰り返し咲き
作出	▸2010年　フランス

特徴　半木立性で中心がアプリコット色、外側が淡いピンクのグラデーション。開花が進むにつれて淡い色になってくる。ジャスミンやスズランなどが混じったような香り。

適した場所　壁面、パーゴラ

バレリーナ　Ballerina

花の色	▸ミディァムピンク
花径	▸小
咲き方	▸繰り返し咲き
作出	▸1937年　イギリス

特徴　つるバラで小輪の一重咲き。周囲がピンク、中心が白の愛らしい色合い。花つきが多い。葉は浅い緑色でつややか。病気や寒さに強く、初心者でも育てやすい。

適した場所　アーチ、窓辺、壁面

キューガーデン　Kew Gardens

花の色	純白
花径	大
咲き方	四季咲き
作出	2009年　イギリス

特徴　半木立性でつぼみはピンクがかっており、開花するにつれて純白になっていく。一重咲きで、とげがほとんどない。病気にも強く育てやすい。

適した場所　壁面、鉢、花壇の後方

ラプソディ イン ブルー　Rhapsody in Blue

花の色	青紫
花径	中
咲き方	四季咲き
作出	1999年　イギリス

特徴　半つる性の半八重咲きで樹勢が強い。スパイシーな香りがする。気温が高いと色があせ、半日陰では鮮やかな色で咲く。

適した場所　フェンス、オベリスク、花壇、鉢

ホワイト メイディランド　White Meidiland

花の色	純白
花径	中
咲き方	四季咲き
作出	1985年　フランス

特徴　半つる性で数輪の房咲き。オールドローズのような雰囲気の花。花もちがよく、花がらが自然に落ちるため、花がら摘みの手間がかからない。半日陰でも育つ。グラウンドカバーにも。

適した場所　低めのフェンス、オベリスク

パットオースチン　Pat Austin

花の色	銅色が入ったオレンジ色
花径	中
咲き方	四季咲き
作出	1995年　イギリス

特徴　半つる性で銅色がかったオレンジの花色が美しい。光の加減によって色の濃淡が変化する。秋まで次々と花を咲かせ続ける。庭ではフォーカルポイントに。株がコンパクトにまとまるので鉢植えにも。

適した場所　花壇、鉢

樹木

Tree

冬に葉を落とすかどうかによって落葉樹、常緑樹と分類されます。木の高さが高いもの(3〜5 m）を中・高木、それより小さいものを低木と呼んでいます。将来をイメージして、庭のスペースや目的に合った生長のしかたをする樹木を選ぶことが大切です。

セアノサス

Ceanothus

クロウメモドキ科／別名 カリフォルニアライラック　落葉低木

植えつけ時期
▸2月
花期
▸4〜6月
葉の色と形
▸光沢があり、細長い
樹高
▸1〜3m

特徴　香りのある青やピンクの花が美しい。樹形もまとまりがあり、コンパクトに育てれば小さな庭にマッチする。

育て方のコツ　風通しのよいやや乾燥しているところに植える。冬の剪定は花芽を落とすので避け、花後に行う。花つきがよければ施肥は不要。

ジューンベリー

Amelanchier canadensis

バラ科／別名 アメリカザイフリボク　落葉中木

植えつけ時期
▸12〜3月
花期
▸4月
葉の色と形
▸緑の小葉、秋は紅葉する
樹高
▸1.5〜3m

特徴　白い花のあとは6月に赤い実をつけ、紅葉も美しく、小さな庭でも楽しみの多い果樹。

育て方のコツ　株立ちにしない場合、ひこばえが出たら、早めに間引く。12〜2月に、全体のバランスを見ながら、不要な枝、伸びすぎた枝を剪定する。

シマトネリコ

Fraxinus griffithii

モクセイ科／常緑中・高木

植えつけ時期
▸3月、9〜10月
花期
▸5〜6月
葉の色と形
▸緑の小葉
樹高
▸3〜6m

特徴　常緑ながら軽やかな印象。ナチュラルな庭づくりに重宝する。

育て方のコツ　小さな庭に植える場合は、徒長しすぎないよう、4月か12月に剪定をする。樹勢が強いので強めに剪定してもOK。

タニウツギ

Weigela hortensis

スイカズラ科／落葉低木

植えつけ時期
▸2月
花期
▸5～6月
葉の色と形
▸明るい緑色、裏側は毛が密生し白く見える。楕円形
樹高
▸2～3m

特徴　ピンク色の花を枝いっぱいに咲かせる。新緑で覆われた庭によく映える。生け垣にも。

育て方のコツ　日当たりがよく、水はけのよい土地を好む。生長が早いので、徒長した枝や古い枝は、2月ごろに剪定しておく。

コバノズイナ

Itea virginica

ユキノシタ科／落葉低木

植えつけ時期
▸2月
花期
▸5月
葉の色と形
▸明るい緑色。先がとがった楕円形
樹高
▸1～2m

特徴　穂状に咲く白い花と秋の紅葉を楽しめる。放任していてもコンパクトに樹形がまとまる。

育て方のコツ　落葉期の2月ごろに株元から多くの枝を伸ばすので、込み合わない程度に間引く。肥料過多になると紅葉が美しくなくなるので控えめにする。

アナベル

Hydrangea arborescens 'Annabelle'

アジサイ科／落葉低木

植えつけ時期
▸11～4月
花期
▸5～7月
葉の色と形
▸他のアジサイより緑色は薄く、やわらかい。葉柄も細い
樹高
▸1～1.5m

特徴　真っ白で大きな花房が緑に映える。黄緑→白→黄緑と変化し、枯れ色も美しい。

育て方のコツ　2月と開花後に施肥する。生長とともに枝が込んでくるので3年に一度は大きく切り戻しておく。花芽は春にできるので花をつけておいても。

ハニーサックル

Honey suckle

スイカズラ科／別名 ニオイリンドウ　半常緑つる性低本

植えつけ時期
▸3～4月
花期
▸6～9月
葉の色と形
▸緑色、細長い小葉
樹高
▸4～6m（つるの長さ）

特徴　筒状で反り返ったような花をたくさんつけ、その形がユニーク。色もかわいらしく、甘い香りもする。

育て方のコツ　フェンスやアーチなどに誘引する。地植えの場合水やりは不要だが、暑い時期は株元に腐葉土をまいておいても。

小さな庭づくり

知っておきたい用語集

あ

アーチ
弓形をした門。つる性の植物を絡ませて庭のポイントにする。

アプローチ
敷地の入り口から玄関まで続く通路。小さな庭では曲線にすると奥行きを演出。

生け垣（いけがき）
庭と道路などの境界に、植物を用いて垣根としたもの。

一年草（いちねんそう）
種まきから発芽、生長、開花、結実をして枯れるまで1年間で完結する植物。

植えつけ（うえつけ）
苗を鉢、プランター、庭、畑などに植えること。

液肥（えきひ）
液体肥料の略。速効性はあるものの、持続性は低い。追肥に使われる。

園芸品種（えんげいひんしゅ）
原種から人工交配などによってつくられた植物のこと。

オベリスク
塔の形をした構造物。つる性植物などを絡ませて使う。

か

ガーデンシェッド
庭に設置する小屋。道具の収納を行うが、同時に庭のポイントにもできる。

ガーデンハウス
＝ガーデンシェッド。庭に設置する小屋のこと。

化成肥料（かせいひりょう）
化学的に合成された無機質の肥料で、複数の成分を含んでいるもの。

株立ち（かぶだち）
株元から数本の幹や茎、枝が立ち上がっているもの。

株間（かぶま）
株を植えるときの株と株の間隔のこと。日当たりや風通しをよくするため。

株分け（かぶわけ）
主に宿根草の根を掘り上げ、切り分けて増やしたり老化予防をすること。

カラーリーフ
赤や黄、銀色、斑入りのものなど、緑以外の美しい葉色を持つ植物。

球根植物（きゅうこんしょくぶつ）
多年草のうち、地下や地際で養分を蓄える球根を持つ植物。休眠期がある。

切り戻し（きりもどし）
伸びすぎた枝や茎を切りつめること。生長を促し、草姿を整える。

グラウンドカバー
土を覆い隠すために地面に植える、這って広がったりする丈の低い植物。

グリーンフィンガー
園芸の才能があり、植物を枯らすことなく上手に育てる人を形容する言葉。

化粧砂（けしょうずな）
庭や鉢の表面を覆う装飾用の砂。美しく見せるほか、乾燥防止、防草目的も。

高木（こうぼく）
樹高が5mを超えるものを指すが、庭木の場合は3m程度のものも高木という。

こぼれ種（こぼれだね）
結実した種が自然に落ちたもの。環境が整っていればそこから発芽して生長する。

コンテナ
大きめの鉢やプランターなど、土を入れて植物を植える容器のことを指す。

さ

四季咲き（しきざき）
バラやクレマチスなどの花が、一つの季節に限らず、何度でも咲くこと。

下草（したくさ）
樹木や丈の高い植物の株元に植える草花。日陰・半日陰でも育つ植物がよい。

宿根草（しゅっこんそう）
多年草のうち、夏や冬に地上に出ている部分を枯らして休眠するもの。

常緑樹（じょうりょくじゅ）
一年中、葉をつけ続ける樹木。新芽が出た部分のみ葉を落とす。

シンボルツリー
庭の中心となる印象的な樹木。高さのある木が選ばれることが多い。

ストロベリーポット
本来はイチゴの栽培用につくられた鉢で、側面にいくつかポケットがついており、複数の植物を育てられる。

雑木（ぞうき）
建築資材としては使われない樹木。多くは落葉広葉樹で庭に風情を与える。

草姿（そうし）
植物の全体的なフォルムのこと。

た

堆肥（たいひ）
落ち葉やワラ、牛ふんなどを発酵・熟成させたもの。未熟なものは根を傷めるため、完熟したものを使うようにする。

多年草（たねんそう）
多年にわたって生育する植物。冬に地上部が枯れないもののみを指すことも。

中木（ちゅうぼく）
樹高が3m程度の樹木をいうが、庭木では1.5m未満の樹木のものも中木という。

追肥（ついひ・おいごえ）
植物の生長途上で施す肥料。用途に応じて速効性、緩効性のものを使い分ける。

つる性植物（つるせいしょくぶつ）
自立できない細い茎をほかの植物か構造物に巻きつけて生長する植物。

低木（ていぼく）
樹高が1.5m以下の樹木を指す。

摘芯（てきしん）
長く伸びた主枝の先を摘み取り、植物の丈を抑え、花つきをよくすること。

トウ立ち（とうだち）
花をつける茎が伸びてしまうこと。開花のために栄養が集中し、葉は枯れていく。

土壌改良（どじょうかいりょう）
植える植物が生育するのに適した土にすること。

トレリス
植物を絡ませるためのフェンス。つい立て式のものが多い。

な

根腐れ（ねぐされ）
水や肥料をやりすぎたり、根の周囲の通気性が悪くなったりして、根が腐ること。

根鉢（ねばち）
植物を鉢や地面から抜いたときに一緒についてくる土を含めた、根のまわりの部分。

は

パーゴラ
イタリア語でブドウ棚。つる性植物を絡ませるための構造物のこと。

培養土（ばいようど）
赤玉土や腐葉土などをあらかじめブレンドした植物の栽培用の土。元肥が入っているものもある。初心者向き。

鉢上げ（はちあげ）
種まきで生長した苗を大きめの鉢に移し替えること。また、庭に直植えしていたものを鉢に植え替えること。

花がら摘み（はながらつみ）
咲き終えた花を花茎ごと摘み取ること。そのままにしていると株が消耗したり、病気を招いたりするため。

ハンギング
ハンギングバスケットの略。バスケット状の鉢に植物を植え込んだもの。

半日陰（はんひかげ）
一日のうち数時間だけ日が当たる場所、木漏れ日が当たる場所など明るい日陰のことをいう。

ひこばえ
樹木の根元から不規則に生えてくる芽。不要な場合は取り除き、株立ちにする場合はこれを生長させる。

肥料切れ（ひりょうぎれ）
肥料が不足し、植物の生長が悪くなったり花が咲かなくなったりしている状態。やりすぎない程度に追肥が必要。

ピンコロ石（ぴんころいし）
一辺約10㎝くらいの立方体の石材。小道をつくるのに適している。

斑入り（ふいり）
葉や花びら、茎などに異なる色の模様が入っている様子、またその品種。

フォーカルポイント
庭の中で人の目が止まるような場所。構造物のほか、シンボルツリーも指す。

防草シート（ぼうそうしーと）
雑草が生えないように敷く遮光性のあるシート。土を覆うように使うほか、砂利の下に敷くこともできる。

ポット
ポリエチレンなどでできた鉢。市販苗が入れられていたり、育苗に用いる。

ま

マルチング
乾燥防止や防寒、防草などのために、植物の株元にワラや落ち葉、堆肥、樹木のチップなどをまいておくこと。

水切れ（みずぎれ）
植物の水分が不足している状態。株がしおれたり、葉が枯れたりする。

木酢液（もくさくえき）
木炭や竹炭を焼くときに出る水蒸気や煙を冷やし、液体にしたもの。市販品は品質にバラつきがあるので、純度の高いものを。

元肥（もとひ・もとごえ）
種まきや苗の植えつけのときにあらかじめ施しておく肥料。効果が長く続くよう緩効性の肥料を使う。

や

誘引（ゆういん）
植物のつるや茎を支柱や構造物などに固定して、生長や形を調整すること。

有機質肥料（ゆうきしつひりょう）
牛ふん、油かす、骨粉など動植物由来の原料からつくられた肥料。緩効性で長く効き、元肥に向いている。

癒合剤（ゆごうざい）
枝を剪定したときに、切り口から雑菌や雨水が入るのを防ぐために塗る薬剤。

用土（ようど）
赤玉土や鹿沼土など、植物の栽培用に使うベースとなる土。

ら・わ

落葉樹（らくようじゅ）
秋に葉を落として冬越しをし、翌年の春に新芽を出す樹木。多くは紅葉、黄葉を楽しめる。

ラティス
格子状のフェンス。「トレリス」とほぼ同じ意味で使われることが多い。

レイズドベッド
レンガや石を積み上げて、地面より高い位置につくった花壇。

矮性（わいせい）
草丈を短く品種改良したもの。

ランナー
地表を這って伸びる茎。これを切っても独立した株として成長していく。

庭づくりの一年　1〜6月

1　2　3

一年草

春の花壇の土づくり

多年草・宿根草 球根植物

植え替え・株分け

元肥

寒さ対策

樹木

落葉樹の植えつけ・植え替え

落葉樹の剪定

バラ

大苗の植えつけ

冬の剪定

つるバラの誘引

寒肥

挿し木

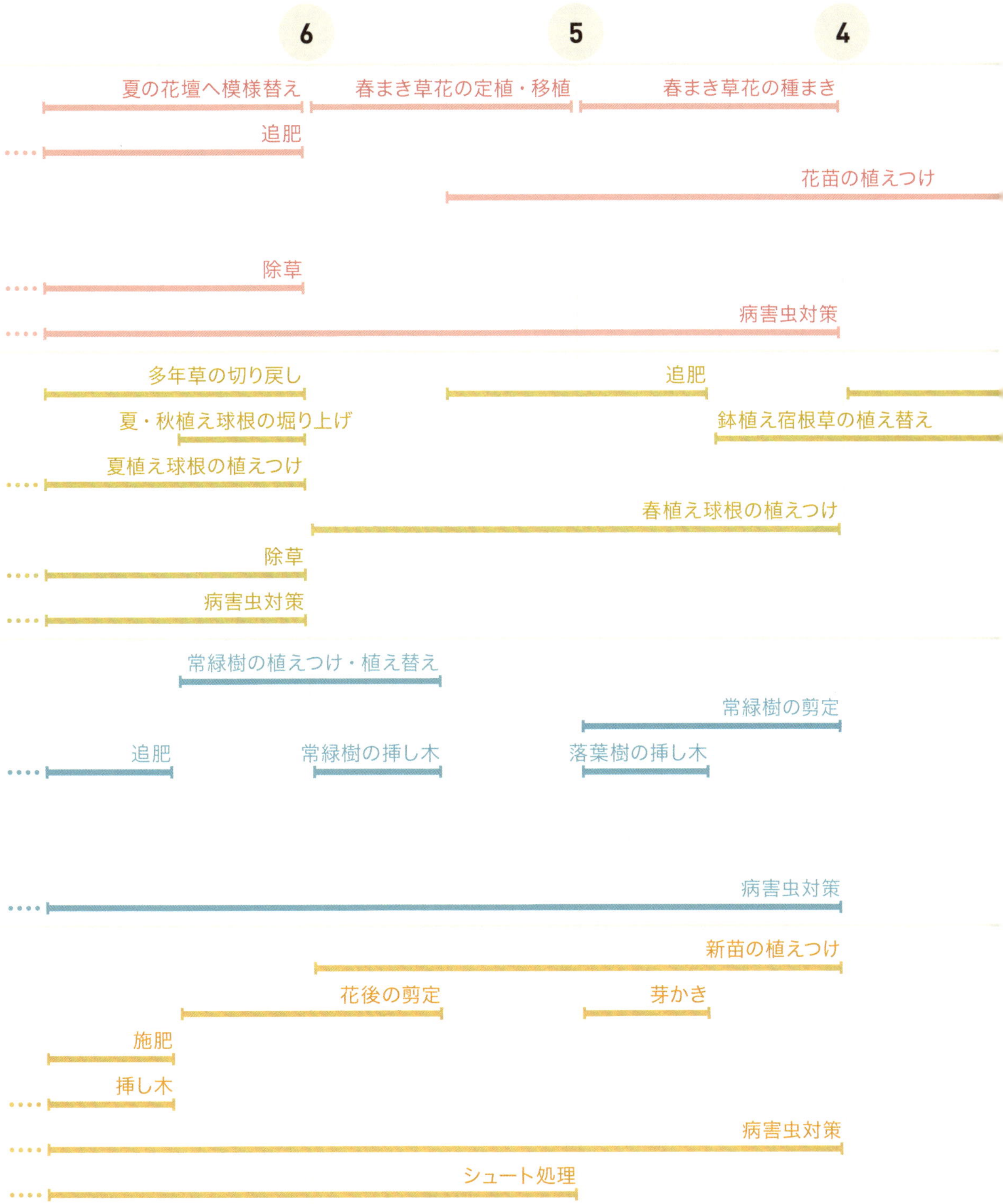
6
5
4
夏の花壇へ模様替え
春まき草花の定植・移植
春まき草花の種まき
追肥
花苗の植えつけ
除草
病害虫対策
多年草の切り戻し
追肥
夏・秋植え球根の掘り上げ
鉢植え宿根草の植え替え
夏植え球根の植えつけ
春植え球根の植えつけ
除草
病害虫対策
常緑樹の植えつけ・植え替え
常緑樹の剪定
追肥
常緑樹の挿し木
落葉樹の挿し木
病害虫対策
新苗の植えつけ
花後の剪定
芽かき
施肥
挿し木
病害虫対策
シュート処理

庭づくりの一年　7〜12月

9　8　7

一年草

- 秋まき草花の種まき
- 追肥
- 除草
- 病害虫対策

多年草・宿根草 球根植物

- 暑さ対策
- 夏植え球根の植えつけ
- 除草
- 病害虫対策

樹木

- 常緑樹の挿し木
- 追肥
- 病害虫対策

バラ

- 夏の剪定
- 夏の追肥
- 挿し木
- 病害虫対策
- シュート処理

12　11　10

冬～春に開花する花苗の植えつけ

秋まき草花の定植・移植

宿根草の植え替え・株分け

春植え球根の掘り上げ

秋植え球根の植えつけ

寒さ対策

大苗の植えつけ

冬の剪定

つるバラの誘引

寒肥

挿し木

※行う作業は目安です。植物の種類や地域によって多少の違いがあります。

図鑑の見方

A — **セイヨウハナシノブ** Polemonium

B — ハナシノブ科／別名 ポレモニウム

C — **植えつけ時期**
▸3～4月、9～10月

D — **花期**
▸5～7月

E — **花の色**
▸紫、白など

F — **草丈**
▸40～50cm

特徴 すっと伸びた茎に小さな花を複数つける。葉は羽根状で、花壇に変化をもたらす。 — G

育て方のコツ 日当たりがよく、水はけのよい土で育てる。夏の暑いときは半日陰になるところがベター。花が終わったら茎ごと切っておく。 — H

A. 植物名

一般的な名称を掲載しています。' ' 内は品種名です。

B. 科名と別名

その植物が属している科の名前と、一般によく知られている別の植物名を掲載しています。

C. 植えつけ時期

関東地方以西の温暖地を基準に、植えつけに適した時期、期間を紹介しています。

D. 花期

関東地方以西の温暖地を基準に、花が咲く時期、期間を紹介しています。

E. 花や葉の色

一般に入手しやすい色を紹介しています。

F. 草丈

その植物が生長したときの平均的な高さを掲載しています。

G. 特徴

その植物の見た目の特徴、生長したときの広がり方のほか、日当たり、土の湿度など望ましい生育環境も紹介しています。

H. 育て方のコツ

水やり、施肥、花がら摘みなど、とくに気をつけたい手入れや、庭植え、コンテナ植えなどおすすめの植え方も紹介しています。

01 CHAPTER
センスあふれるBROCANTEの小さな庭づくり

一年中センスよく美しい

小さな庭づくり

How to make a small garden

02 CHAPTER
あきらめない！ マイナス条件を生かした小さな庭づくり

03 CHAPTER
工夫いろいろ！ 場所別 小さな庭づくりのアイデア

04 CHAPTER
あこがれを形に！ イメージ別 小さな庭づくりのアイデア

05 CHAPTER

参考にしたい！ 四季の変化を楽しめる小さな庭づくり

グリーンフィンガー 花木さんの庭

別冊 BOOK in BOOK

小さな庭づくりの基本 〈庭づくりに役立つ植物図鑑付き〉

01
CHAPTER

センスあふれる BROCANTEの小さな庭づくり

古いヨーロッパの風景がそのまま目の前にやってきたような庭づくりで人気を博しているガーデナー　松田行広さん率いる「BROCANTE（ブロカント）」が手がけた庭を参考に、庭づくりのイメージを具体化してみましょう。

A

THE NISHIMURA HOUSE
西村邸

周囲の自然と自庭の緑を一体化させて

借景にできる豊かな森や公園があるものの、住宅地の中の立地。家の両側は道路になっていて人や車の往来も多く、プライバシーを守りながらの庭づくりです。

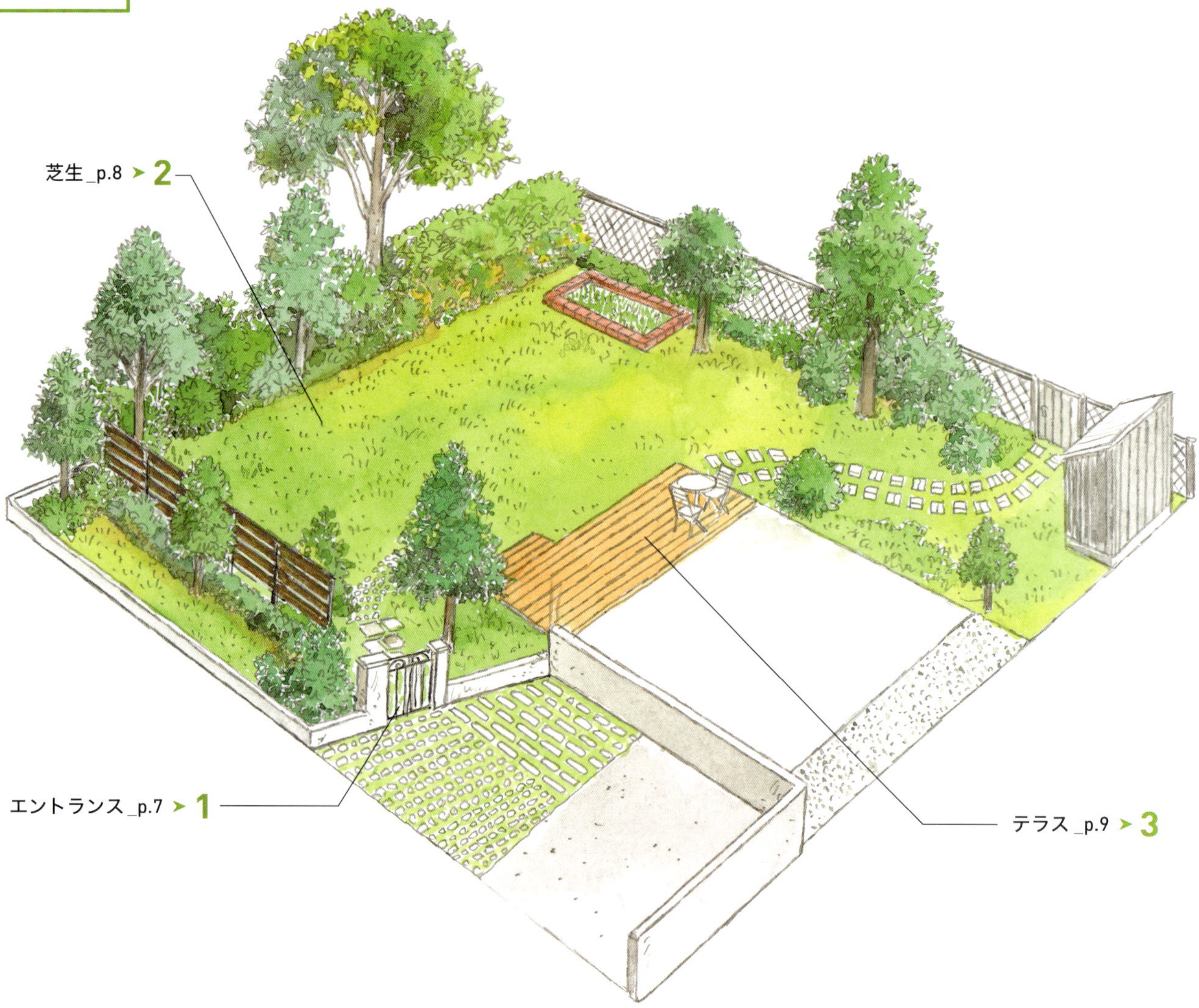

外縁の植栽帯を高くして借景を楽しむ

周囲には豊かな森や樹木の多い公園があり、申し分のないロケーション。この自然を庭の光景の一部に取り入れたいところですが、公道に面し近くには住宅もたくさんあります。周囲からの視線を感じることなく生活を楽しむために、外縁の植栽帯には土を盛り、あえて土面を高くしました。ゆるやかな起伏に囲われることで、周囲とのつながりを連想しつつ、足元にある公道を見えにくくすることができます。また、高低差がつくことで植栽の立体感も得られるので、庭と周囲の緑がより自然な形で結びついた光景を味わうことが可能になりました。

1 エントランスと土手の部分を上から見たところ。木々に囲まれて玄関へといざなわれます。**2** 小道をはさんで右にはカシワバアジサイ、左にはアナベル。**3** 存在感があるのに威圧感を感じさせない門が主役の、見応えのあるエントランス。

1

門や敷石、植物でおもてなしの心を伝えられるエントランスに

シンメトリーに配置された門柱にアイアンの門扉。
フォーマルでありながら、人をフレンドリーに迎え入れる空間です。
庭へ近づくにつれて、どんな風景が待っているのかが楽しみに。

門の内と外とで配置がやや変わる敷石

「この門をくぐったらゆるりとお過ごしください」。そんな声が聞こえてきそうなエントランスです。ここから先は肩の力を抜いてもよいと感じられる雰囲気の門。門に入るまでは整然と並んでいたピンコロ石が、門を過ぎて階段を上ってからはややまばらに並んでいます。

　はっきり意識せずに通り過ぎても、そうしたことを肌で感じられるエントランスにはしかけがあったのです。フォーマルからインフォーマルへゆるやかにチェンジさせてくれるエントランスは、多くの人の理想でしょう。

2

芝生の庭には 起伏とアクセントを

広い面を芝生で埋めると平坦な印象になってしまいがち。
うまくアクセントを効かせて、変化に富んだ庭づくりを行いましょう。

1 エントランスへの小道を兼ねた敷石が芝生の庭を引き締めています。2 芝生の緑が外の緑とつながって一体化。

盛り土で起伏をつけたり敷石の位置を工夫して

写真の庭はとてもきれいに芝が生え揃っています。庭には盛り土をしたために、水はけがよくなっているからです。水はけの悪い土地なら、こんな方法も考慮してみましょう。そして、無事に緑の絨毯が完成したら、そこにはアクセントがほしいところです。盛り土をする場合は、土地に起伏をつけておくことをおすすめします。敷石でアクセントをつける方法もあります。芝生のエッジ（縁）をきれいに処理しておくと、芝生の部分がきりっと引き締まって見えます。

3

風が通り抜ける広いテラスで お気に入りの庭を眺めたい

デッキから眺める景色は、目の前の庭も外の景色も、すべてが自分だけのもののよう。南北に開けているテラスに南風が駆け抜けます。

遠景へ橋渡しする 庭があるからこその光景

公園に隣接し、豊かな森も目の前という好ロケーション。ただそれだけではこの満足感は得られないでしょう。庭から続いた景色になっているからこそなのです。屋根つきのテラスで、時間を忘れてずっと眺めていたくなります。

1 テラスの柱を上っているブドウの緑色も、この光景の大事な構成要素です。**2** カシワバアジサイの花が咲き乱れる時期は、株全体がオブジェのよう。**3** ブドウは葉の形も色も美しく、絵になるアイテムです。

B

THE SARAOKA HOUSE

更岡邸

工夫が楽しい、管理しやすい テラスの小さな植栽スペース

実際のスペース以上の楽しみが詰まった美しくてかわいらしい空間。一日中過ごしてしまいそうなこのテラスには、工夫がいっぱい！

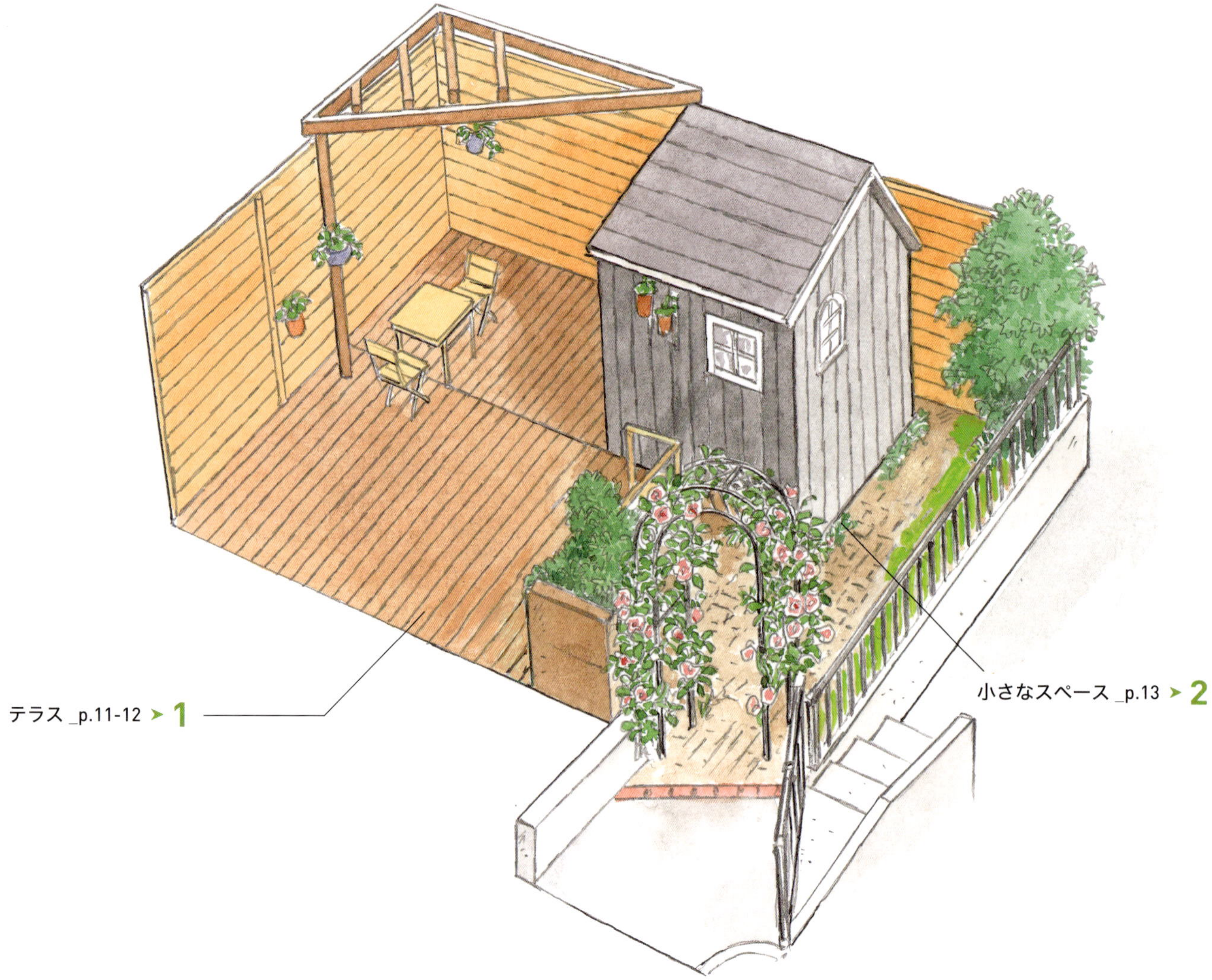

地面も壁も空も味方につけてつくる

高台の造成地。付近の家はみな、低い位置にある道路から階段を上って家に入ります。高台にあるとはいえ、ご近所もみな同じ高さで、せっかくのデッキスペースも家に取り囲まれています。こんな中で圧迫感をまったく感じずに、地面から壁、青空までも味方にして庭がつくられているのです。植物はどんなところでも自分らしく育つのだと感じさせてくれる庭です。

1

多様な緑で表情豊か
思い切り心地のよいテラスに

家の中ではないけれど、だからといって外でもない曖昧さが心地よいのがテラス。ここに緑が加わることで、落ち着きのあるスペースに。

1 コーナーをしっかりつくることで、囲まれ感が生まれ、落ち着いて過ごせるスペースに変わります。**2** 側面にポケットがついたストロベリーポットなら、ひと鉢でたくさんの植物を楽しめ、小さい庭にぴったりです。**3** 季節の花をあしらったハンギングバスケットや、お気に入りのテーブルクロスなどで居心地よいテラスに。

〝狭いのに広い〟テラスのわけは……

広さ20㎡のこの空間は決して広いわけではありませんが、飽きることなく植物の世話ができ、ゆっくりお茶を飲んでくつろぐこともできる魔法の空間。しかも住宅密集地の真ん中です。板塀で囲まれてはいますが、四方全面ではありません。こんなに落ち着けるのは、10ページのイラストでもわかるように、2面でしっかり覆われているからです。開放感と囲まれ感の妙なのでしょう。

また、このスペースには土がほとんどないのに、植物があふれています。一つの空間の中で数多くの相反しているものが絶妙なバランスをなしていることが、〝狭いのに広い〟、このテラスの居心地のよさのゆえんなのかもしれません。

1 狭いスペースにパーゴラや小屋、アーチまで。庭で楽しめる要素がコンパクトにムダなく詰まっています。**2** 扉を設け、外側を一段下げたことでシーンがうまく切り替わります。

2

小さなスペースに たくさんの植物を

どんな小さなスペースもムダにせず、有効活用。スペースに合った植物をのびのびと育てています。

1 スペースに合わせて設えたガーデンハウス。2 あえてレンガを張らない場所を残し、葉の美しい植物を植えました。3 巣箱がアクセント。

有効活用の積み重ねで緑いっぱいに

この庭を囲っている木塀をよく見ると、木の板が交互に組み合わされて、風通しのよい構造に。木塀が背の高い植物の絶妙な背景となっています。足元に目をやると、敷き詰めたレンガのところどころにスペースが残され、そこでは小さくても個性的な植物が配植されています。

このほか、アーチやパーゴラと、庭の風景をつくるものにも効果的に植物が元気に生長中。塀に囲まれた空間の中は緑でいっぱいですが、実はその一つ一つが小さなスペースの有効活用の積み重ねで構成されていることがよくわかります。

C
THE OYAMA HOUSE
大山邸

植物が持つ「かっこよさ」を存分に引き出した庭

つくり手が植物と真剣に向き合ったものが庭という形になっています。「庭は人を表す」という言葉が実感できる庭を見せてもらいました。

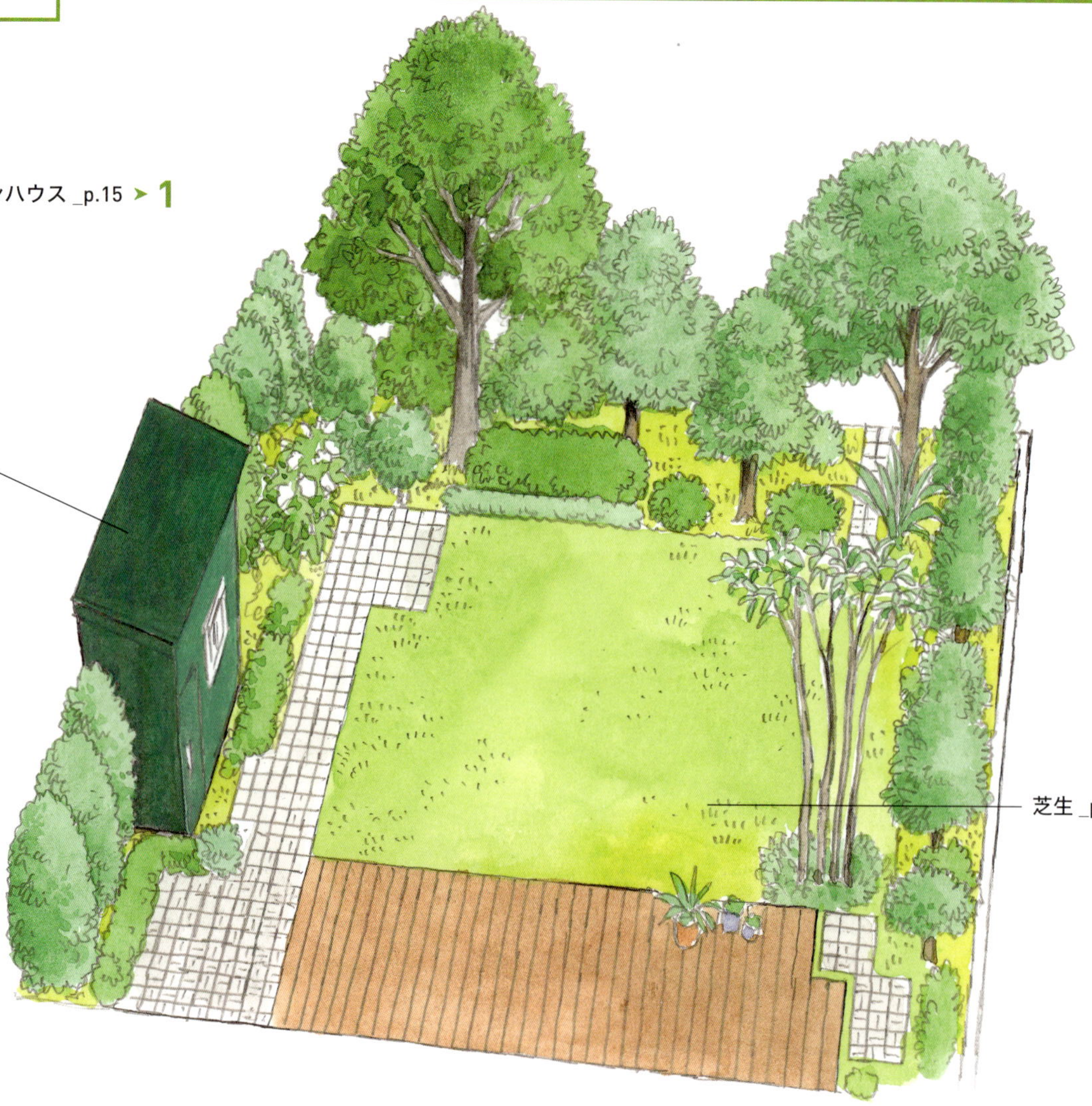

試行錯誤は植物との駆け引きで乗り越える

幹をまっすぐに伸ばした高・中木。ほかの庭では脇役的な低木も、それぞれが地についた存在感を放っています。葉の先までぴんと張った植物たちに意志すらも感じられるこの庭は、つねにつくり手と植物たちが真剣に向き合っていることが一目瞭然です。つくり手が植物を信頼しているからこそ、植物はそれに全力で応えているのでしょう。もちろん、試行錯誤もあったはずです。でもそれは「うまくいかないから試してみる」ではなく、「ではこの手はどうだ、さあどう出る」というような駆け引きだったはず。そんな中で植物のもつ魅力が存分に引き出された庭です。

1

庭のセンスをアップさせる
ガーデンハウスにこだわる

ガーデンハウスがあるだけで庭づくりの上級者のよう。
フォーカルポイントにも収納場所にもなるすぐれものです。

小さな庭には コンパクトサイズも

庭にあるだけでとても印象的なのがガーデンハウス（ガーデンシェッド）です。DIY好きなら手づくりを考えてもよいでしょう。エイジング加工を施しても素敵です。市販のものや輸入品などもあります。オリジナルを求めるなら、造園会社に相談してみるとよいでしょう。その場合は、自分なりのイメージをある程度まとめておくとスムーズです。小さな庭には、やはりコンパクトなサイズのものがおすすめ。道具類が収納できるかもポイントです。

1 庭仕事が「こだわりの趣味」であることを感じさせる渋いガーデンハウス。庭の緑に溶け込みながらも、白い小窓が効いています。**2** 使いやすく美しい、見せる収納。

日々の世話のあとには
息をのむ光景が待っている

ローメンテナンスの庭が好まれる昨今ですが、ビロードのような青々とした芝生で覆われた庭を目指すなら、メンテナンスが必須。広い庭でそれを行うとなると気が引けてしまいますが、小さな庭なら、それも楽しみのうちにできるかもしれません。

芝の手入れの一つ一つは難しいことはありませんが、コツコツと続けていくことが肝心です。特に初夏の生長期を迎えてからは、しっかり水やりをして、こまめに除草をし、月に2~3回は芝刈りも必要です。

手をかけた分だけ、目の前にその成果が現れるのですから、こうした世話が苦にならなければ、ぜひトライしてみたいもの。緑の絨毯の上を裸足で歩いたり、寝ころんだりが公園に行かなくてもかないます。

青々とした芝生は、まわりの植物もとても生き生きと見せてくれるでしょう。濃淡の緑一色の庭も素敵ですし、色の鮮やかな花や葉を持つ植物をアクセントに使ってもよいでしょう。

1 びっしりと生え揃った芝生がとても鮮やか。**2** 芝が育ちにくい場所にはタイルを敷いてミニテラスに。**3** 日当たりのよい庭で、芝が手をかけられ、美しく育っています。**4** 茶色の木塀が植栽帯のよい背景に。

2

お気に入りの植物に囲まれた ビロードのような芝生にあこがれて

芝生の庭に必要な絶対条件は日当たりと水はけのよさ。
条件を満たした庭なら挑戦してみる価値ありです。

D

THE IZAWA HOUSE
井澤邸

住宅地の真ん中で実現させた林の中のリゾート地

1本ずつ樹木や草花を植えて、住宅地の更地が林の中のリゾート地に生まれ変わりました。居心地のよさの秘密を探ってみましょう。

さわやかな樹木が目隠しと心地よさをもたらす

家で過ごすときはリゾートホテルでのんびりくつろぎたいと、完成した家にはプールもついています。でも、ここは住宅地の真ん中。せっかくのプールも近所の家からすべて見えてしまいます。何か目隠しをと庭づくりが始まりました。目隠しの働きはしつつも軽やかな樹木をと、シルバーリーフのロシアンオリーブを選択。それをサポートするのがやはり涼しげな印象のアオハダ、シマトネリコです。これらがつくる木陰はまさにリゾート地の林の中でした。

1

庭に物語を加える
小道まわり

小道は、見た目の奥行きを増すだけでなく、
物語を想像させるような気持ちまで生み出します。

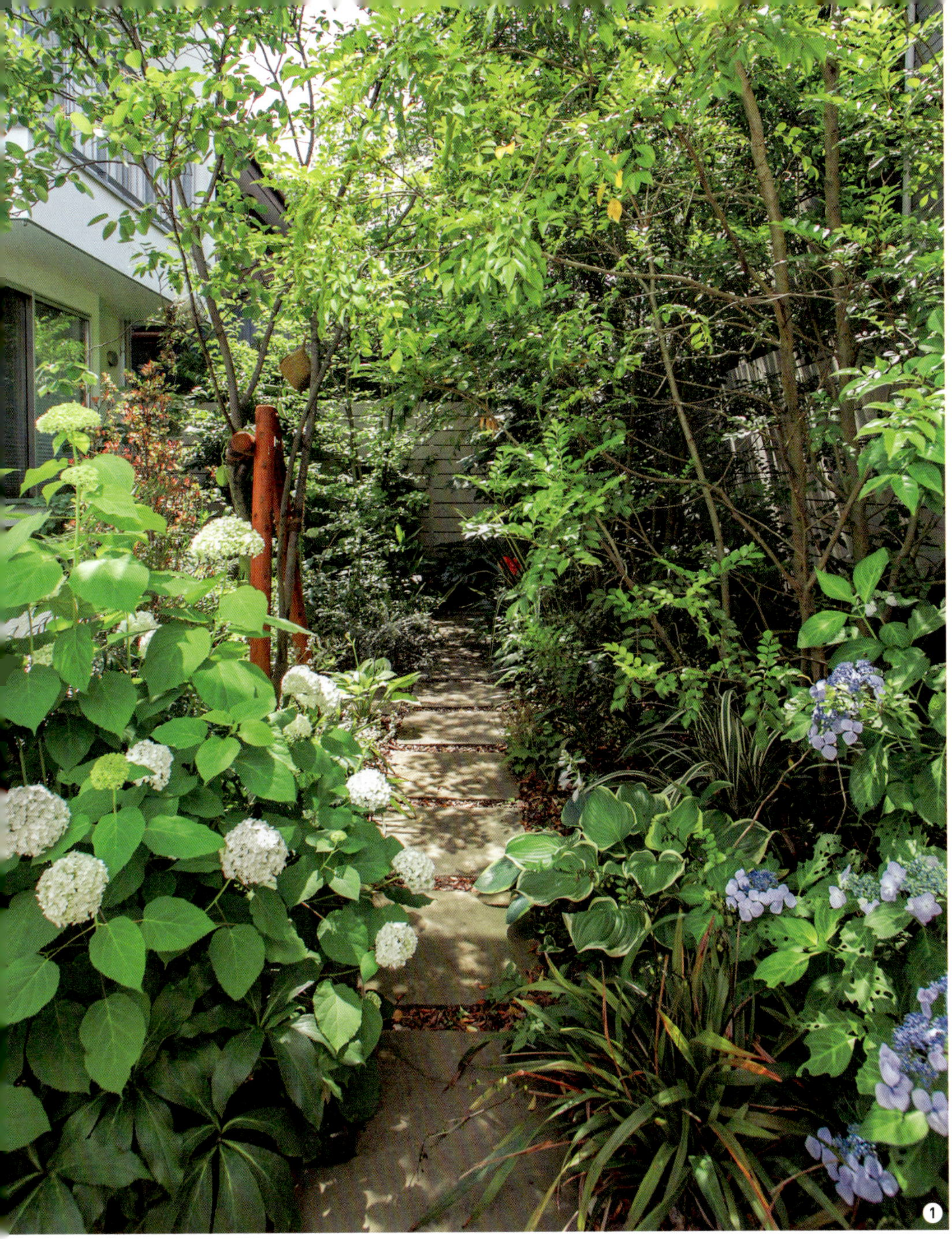

想像力をかきたてる小道は小さい庭の名演出家

「この先はどうなっているのだろう、どこまで続くのだろう」「茂みの中からかわいらしい小動物でも顔をのぞかせたらおもしろいな」。そんな想像をしたくなるのが、小道の力。小さな庭でも、こんな一角をつくることが可能です。小道は反対側からのぞくと、また違った景色を庭に与えてくれます。

1 小道の入り口はこの時期、アジサイとアナベルが満開に。木漏れ日の中を心地よく歩くことができます。**2** 小道を上から見たところ。小道に沿って緑のかたまりが連続しています。

2

住宅密集地でプライベートを守る

目隠しに大きな木を

庭で心地よくくつろぐには、外からの視線は遮りたいもの。
樹木でうまく目隠しができれば、林の中にいるような気分に。

軽やかな印象の樹木を選んで明るい空間を

せっかく確保できた自庭が、二階建て、三階建ての隣家に囲まれているという状況はしばしばあります。周囲から見下ろされる空間ではとてもくつろぐことができません。そんなときは高木を使った目隠しを。緑の濃い常緑樹ばかりでは庭が暗く

なってしまいます。葉色の軽やかなもの、枝のしなやかなものを組み合わせて圧迫感を感じさせない空間をつくってみましょう。

1 塀に沿って並ぶ高木も淡い葉色で決して重く感じられません。**2** 高木の足元にはいろいろな形や色のリーフプランツ。**3** 白い塀がバックになり、木陰でも明るい空間に。

E

THE BRANSCOM HOUSE
ブランスクム邸

家をバラで飾りたい……
夢を実現し、近所の人も癒す

バラが似合い、誘引しやすいようにと願って設計された家。6年たった今では、バラが家を美しく彩っています。

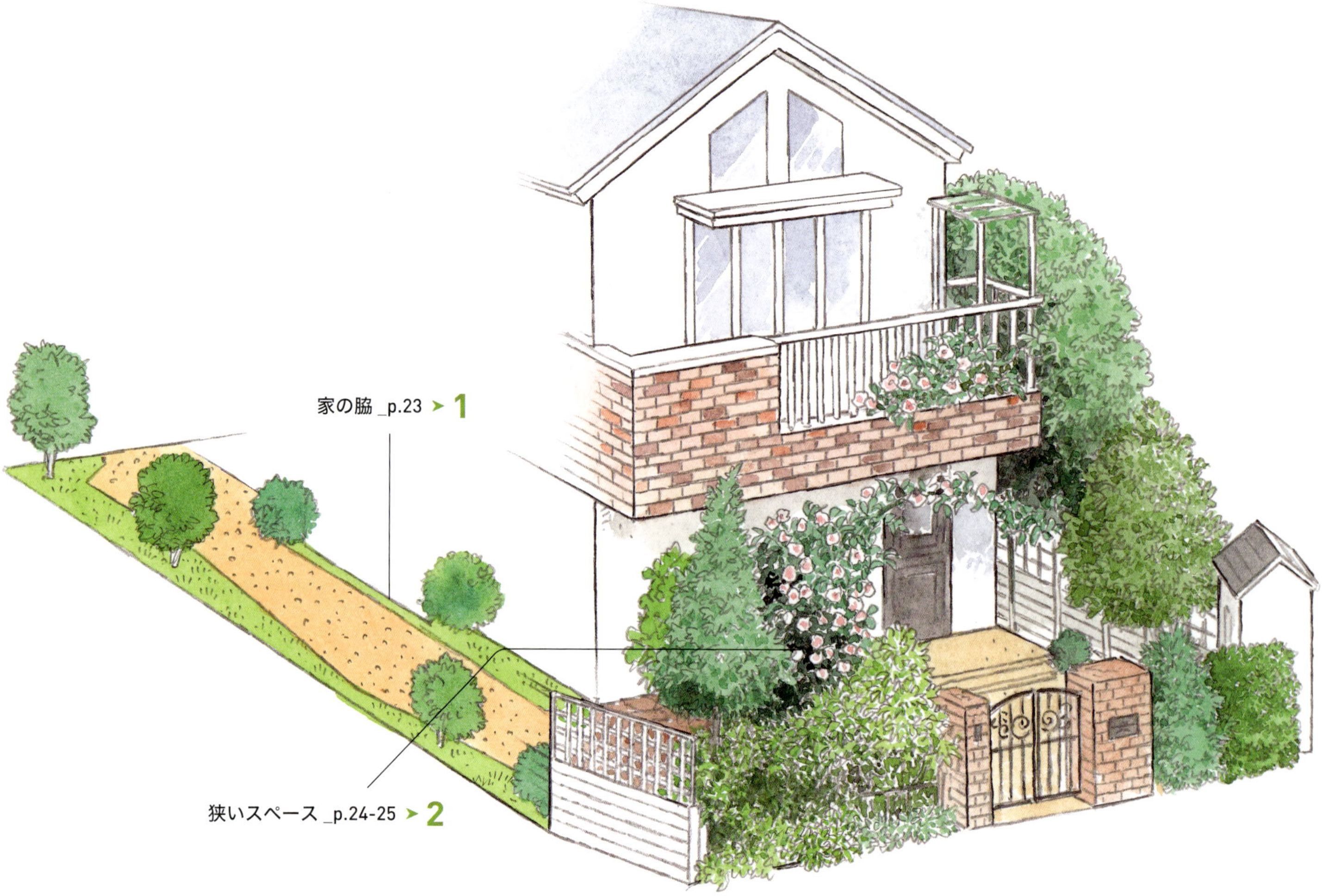

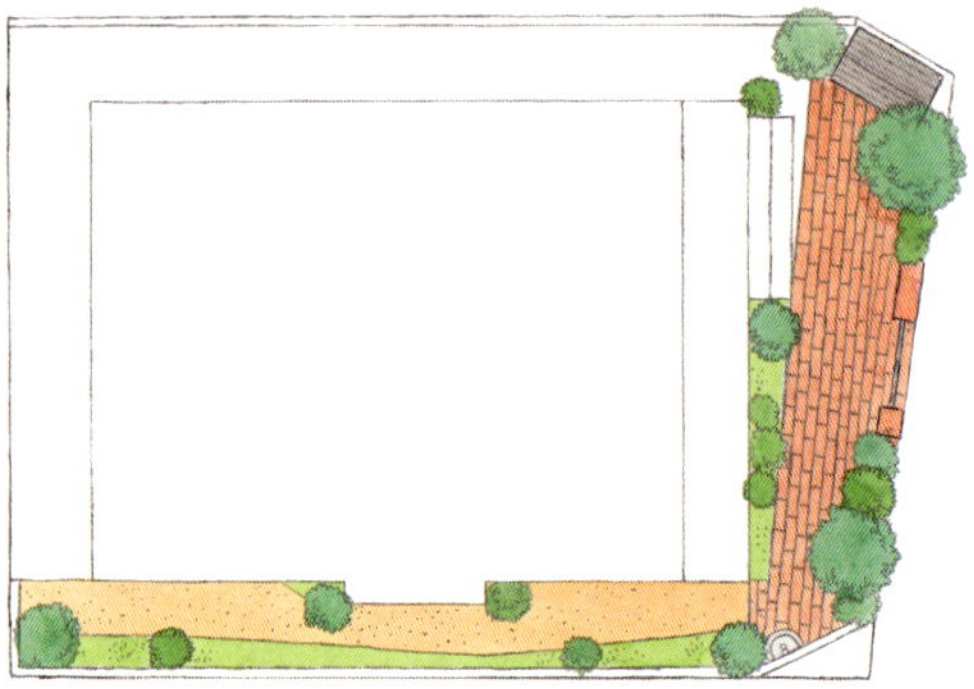

バラが咲く足元にも美しい小さな庭が

念願だったローズガーデン。エントランスの小さなスペースに植えたバラが大きく広がり、家を彩るようになりました。自らバラに癒されたいと始めたバラ栽培でしたが、今ではこの家の前が多くの人の散歩コースに。正面にある公園のベンチに座ると、家を取り囲んでいるバラの様子がよくわかると、近所の方たちにも評判だといいます。家を囲むように咲くバラの花の下は、もともとは狭くて細い通路。ここも今ではすっかり明るい庭になりました。

1

通路だけではもったいない

家の脇

限られたスペースだから、家の脇の細い通路もムダにはできません。工夫しだいでとっておきの空間に生まれ変わります。

白い塀と白い化粧砂で一面、明るく。上に誘引したハゴロモジャスミンも今が満開です。

2

狭いスペースでも バラの美しい庭に

壁やフェンスはバラの見せ場。空間を大きく使って、
バラの花園もどんどん広げました。

ベランダ右端は花期が過ぎたモッコウバラ。いちばん最初に大きく茂りました。

1 エントランスを取り囲むバラ。2 スパニッシュ ビューティーの満開時。心ゆくまでアレンジを楽しんでいます。
3 バラに囲まれたベランダでは、一年に一度のパーティーも楽しみました。4 バラを家の脇にまで広がりました。

開花期の違うバラで花を長く楽しめる

この家にはピエール・ドゥ・ロンサールをメインにスパニッシュ ビューティー、モッコウバラが植えられています。ピエール・ドゥ・ロンサールは3年でベランダ下まで到達。これを生かしてベランダでもバラを楽しめるスペースをつくりました。3種類のバラの開花時期は少しずつ異なるため、長く花を楽しめます。

F

THE KAMIMURA HOUSE

神村邸

手間をかけないしかけで庭の暮らしを楽しむ

植物は好きだけれど、手間をかける時間がない……。そこで手間のかからない庭づくりをしたところ、今では暮らしの一部となり手間をかけるのが楽しくなりました。

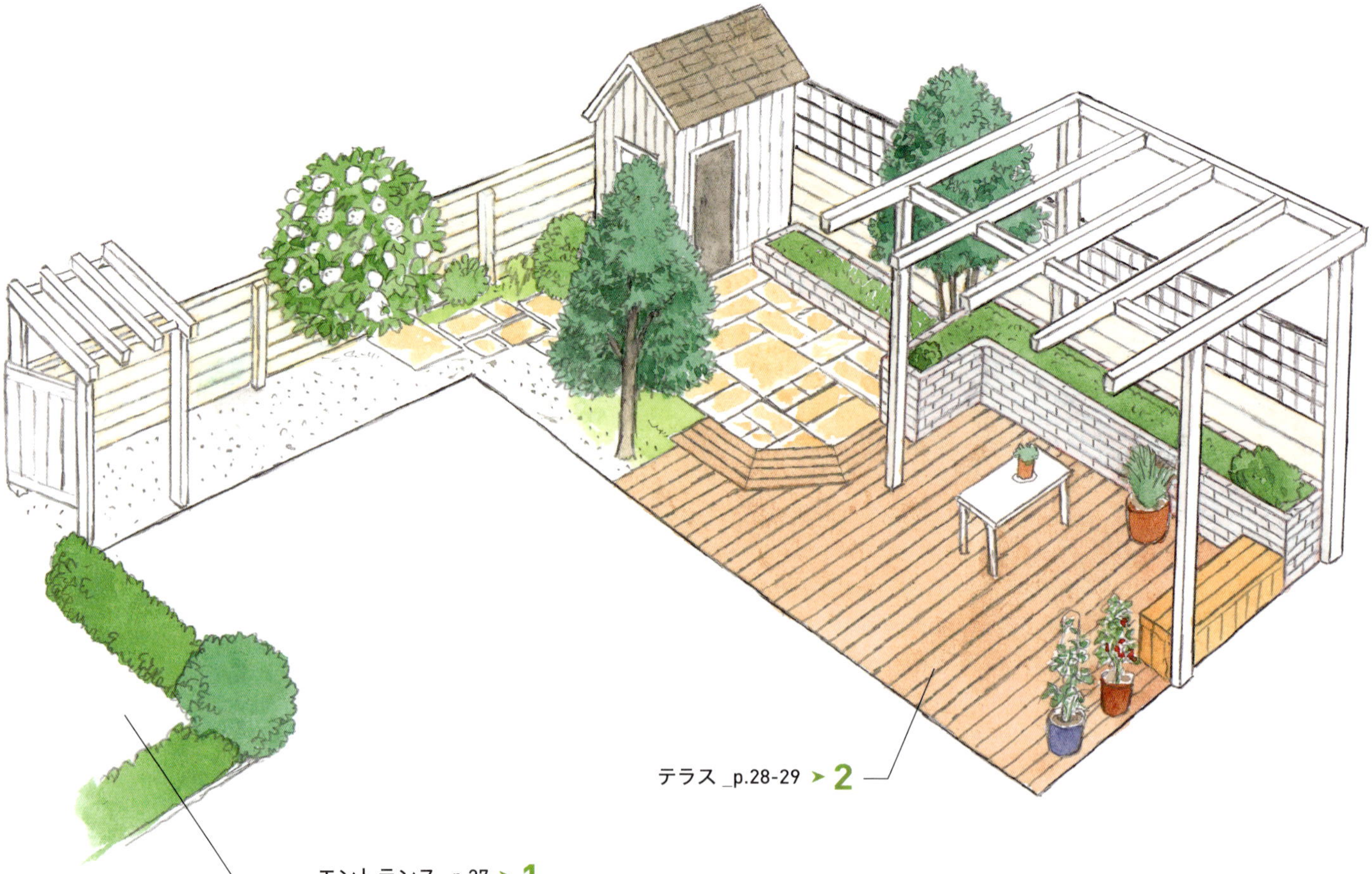

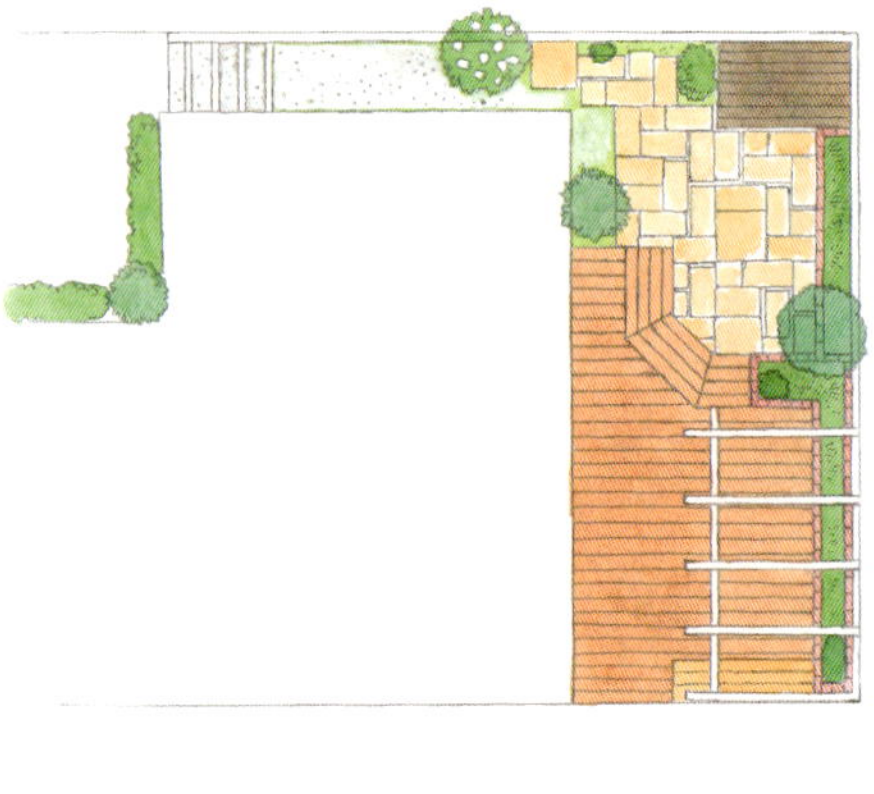

手がかからない手軽さが庭との距離を縮めた

手間がかからないようにと、庭のほとんどはタイルやデッキで覆い、植物を植えるスペースを制限しました。設けられたのはレイズドベッドと鉢、パーゴラです。植えた植物もほとんど手間のかからない樹木や草花。広々とした庭に手を入れようと思うと気合いが入りますが、限りあるスペースなら気がついたときにさっと手入れすることができます。そんな手軽さから庭に出る機会が増えた家族は、庭で過ごす時間も増えてきました。

1 右手パーゴラの下は自転車置き場。地面が低くなっているので外から自転車は見えず、この光景を壊すこともありません。**2** 古いレンガとヘデラの組み合わせで、異国の地にワープしたよう。

1

古レンガ、古材、ツタで エントランスを フランス片田舎の風情に

小さなスペースしかなくても、雰囲気のある一角に。
選び抜いた材料でディテールまでこだわってみたいもの。

資材探しから楽しめそう

憧れの風景を形にしたいという人も多いでしょう。思い入れのある資材を使って実現したいもの。小さなスペースならそれも可能になるかもしれません。自分でつくれば資材探しも楽しいはず。ベースが固まれば、簡単に入手できる日本の植物を合わせても、外国の田舎のような光景をつくることができます。

2

部屋感覚のテラスで
安らぎとワクワク感のある家族時間を

テラスはもう一つのリビング。直接触れることのできる自然を家族みんなで楽しみます。

テラスで植物と触れ合うことが日常に

庭の半分はテラス、残りは石板を敷き詰め、土の部分はほとんどありません。植物はレイズドベッドと鉢、パーゴラに。テラスへはリビングから裸足のまま出られ、そこから手の届く位置に植物はあります。気軽にテラスへ出て、気軽に植物に触ることが家族には日常。「庭ごはん」も休日の楽しみです。

1 パーゴラ下のデッキへは裸足で出られ、家族の憩いの場になりました。2 テラスの端には段差をつけました。座ってくつろぐこともできます。3 夜はライトアップ。昼間とは別の空間のよう。4 白い塀にブラックベリーの実がよく映えます。5 リビングとテラスは一体化。行ったり来たりして過ごせます。

G

THE SATOU HOUSE
佐藤邸

駐車場とアプローチ、主庭の雰囲気を一体化

住宅密集地では庭に使えるスペースがなかなか十分にはとれません。駐車場とアプローチを「庭」の一部にするために、各スペースの雰囲気を統一させました。

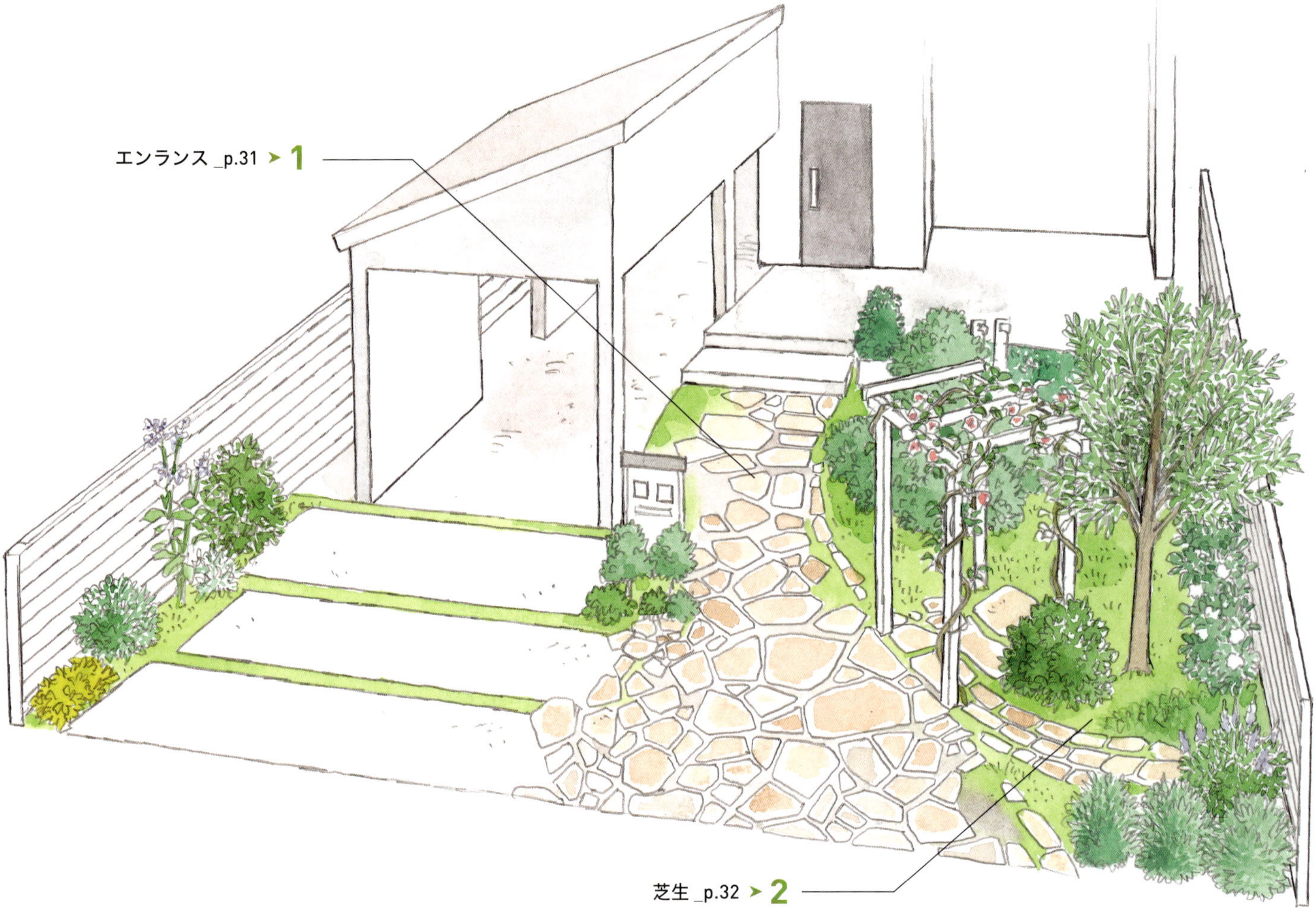

一体化したスペースに区切りをつけて

小さな庭をつくろうとしている人の多くは、限られたスペースをいかに有効に使うかということに頭を悩ませていることでしょう。「道路から玄関へのアプローチがほしい」、「子どもが遊べる庭がほしい」、「駐車場も確保したい」などなど、限られたスペースにあれこれ要望が詰まってしまいます。この庭では各スペースに統一感を持たせることでそれがかないました。子どもに危険のないよう、パーゴラや段差を設けることで、遊べる空間が区切られ安全性も確保できます。

1 ポストなどを取りつけた茶色のオブジェが、淡い色の世界をきりっと締めてくれています。**2** パーゴラの足元を隠すラベンダー。こんもりと美しくまとまった草姿です。

1

エントランスは 淡いグリーンの植物で やさしい雰囲気に

淡いグリーンの植物なら、緑をたくさん使っても
重たい印象になりません。ハーブを選ぶと、軽やかに。

きちんとした中にも やわらかさを

壁や塀、駐車場部分のコンクリート面など、エントランスまわりには意外に白が使われています。そんなときは白をベースに、植物も白みがかったものを使うと統一感がとれるでしょう。玄関前には常緑の植物が空間全体の3分の2くらいあると、通年を通して緑が保たれ、きちんと感が出ます。ただ、すべてが濃い緑色では重たい印象になってしまうので、シルバーリーフや斑入りの葉もの、ハーブなどを使って和らげるとよいでしょう。

1 盛りが過ぎたアナベルの緑色の花が白塀に映えます。**2** 小さなスペースで菜園も。**3** 芝以外の植物と構造物の色みを抑えることで、芝の美しさを引き立てます。

2

小さな芝生の庭には 明るい色の植物を

小さな芝生の庭では明るい色の植物を使うと軽やか。白い構造物もアクセントに。

白い花や構造物も芝生のアクセントに

小さな芝生の庭で引き締め効果があるのは、明るい色や淡い色の植物です。シルバーリーフの植物はおすすめ。白い花を咲かせる植物も効果があります。芝生が庭一面に広がっても、濃い緑の圧迫感を適度に抑えてくれるでしょう。写真の庭では、白いパーゴラもよいアクセントになっています。白い塀ギリギリまで芝生のスペースにするというのも一法でしょう。

02
CHAPTER

あきらめない！

マイナス条件を生かした小さな庭づくり

庭にできるわずかなスペースも「細長すぎる」「狭すぎる」「暗すぎる」と悩んでいる人は必見です。マイナス条件を逆にプラスにしてしまった小さな庭をたくさん集めました。そのまままねできる方法も満載です。

道路と玄関の間に設置した塀の足元をグリーンベルトとして、あらかじめあけておきました。

MAKE A GARDEN

悪条件も
あきらめない！

こんなスペースが庭になる

限られた小さな空間を美しい庭にするためには、「まさかこんなところが！」というところに緑を配していくのが大切です。実例を見てみましょう。

スペースと植物のマッチングから始めよう

敷地のほとんどを建物が占め、庭にできる場所は残っていない……。そんな場合もあきらめる必要はありません。敷地内をよく見まわしてみると、緑を使えるスペースはたくさんあります。一見、悪条件でとても庭にはできないだろうと思えるところも、工夫しだいで素敵な空間に仕立てることができるもの。さあ、家のまわりを歩いてみましょう。デッドスペースで、ふだんあまり通る機会もなかったところの特徴を調べてみてください。これから家を建てようと計画中の人なら、そんな視点で設計図を見てみましょう。

実際に歩いてみると、その場所の日当たりや風通しの様子を実感できます。足元の土を触って土質も確認してみましょう。ジメジメしていますか？　乾燥気味でしょうか？　植物にはいろいろな性質のものがあります。スペースの特徴と植物をうまくマッチングさせることが、小さな庭づくりの第一歩です。

01 細長いスペース

敷地いっぱいに建物が建っている場合、建物の周囲には細長いスペースがあります。通路やデッドスペースが、素敵な空間に変身します。

02 狭いスペース

あまり土がない場所や、道路に接したわずかなスペースだってOK。植物を適切に選んだり、植え方を工夫したりすることで、緑に彩られたスポットができ上がります。

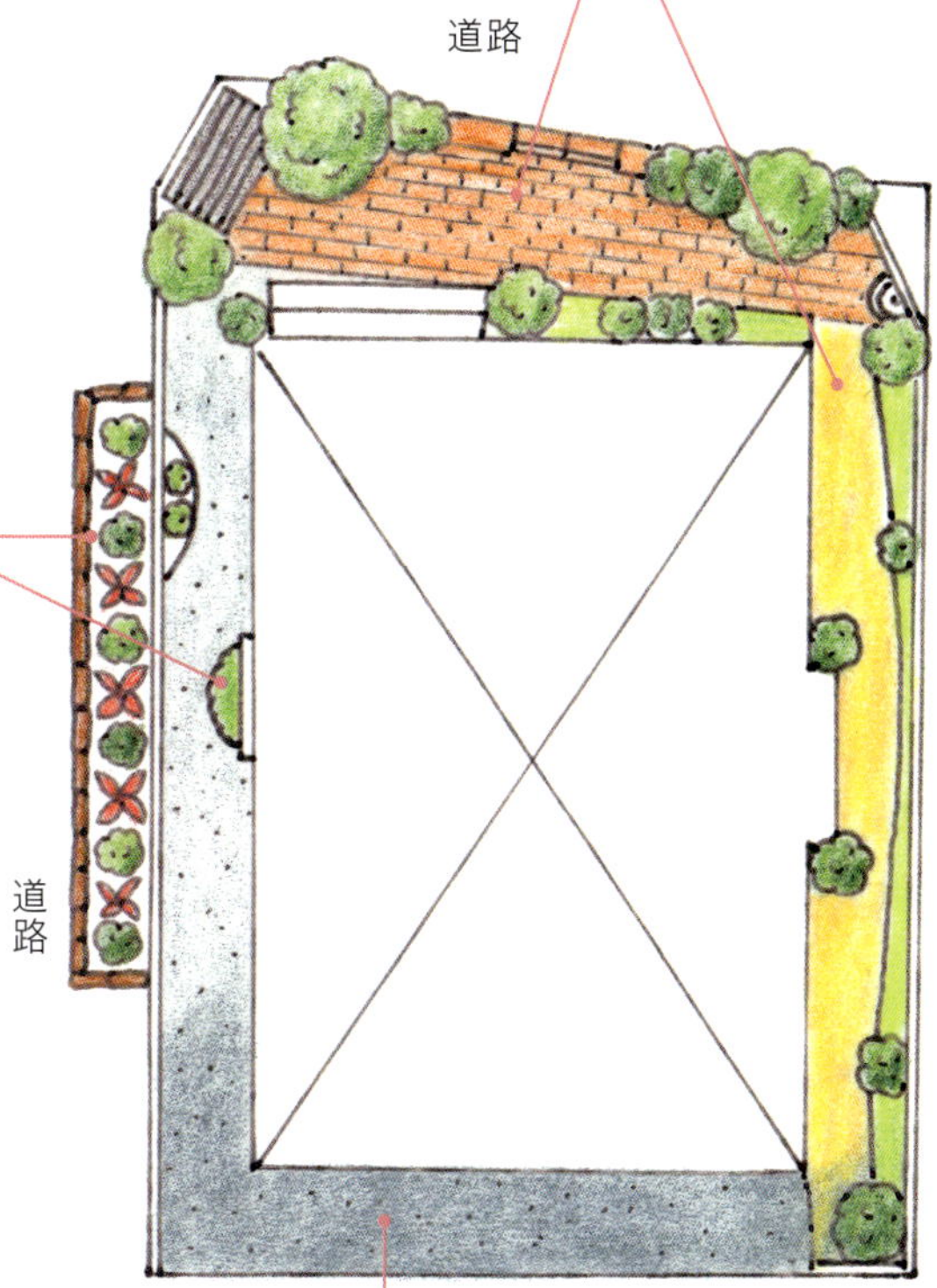

03 日陰・半日陰

住宅密集地では、スペースのほとんどに日が当たりにくいというケースもしばしば。でも、日が当たりにくいからこそできる庭づくりの方法もあります。

01

細長いスペースの生かし方

敷地のどこかには必ずといってよいほどある細長いスペースを、魅力ある場所にしてみましょう。

神村邸

1 家の両脇や裏側

ブランスクム邸

2 玄関側に面した道路と家の間

庭にしてしまえば防犯効果も高まる

敷地ギリギリまで家の建物が建っている場合でも、建物の両脇と裏側にはわずかでもスペースが残っているはずです。そのほとんどの場合が細長いスペースでしょう。「わが家には庭がない」とあきらめていた人でも、このスペースを見直すことで、庭が持てるのです。

そのままにしておけば、雑草が伸びて暗くなり、ますます近寄りたくない場所になりかねません。このスペースに植物を植えたり、お気に入りの雑貨を飾ったりすることで、庭として楽しめるのはもちろん、家族の行き来も増えて防犯効果も高まります。小道風に敷石を敷いたり、明るい色の化粧砂を敷いたりすれば、通りやすくしつつ、雑草が生えるのを抑えます。通行スペースを確保しながら、塀の内側もうまく利用して立体的に緑を配置しましょう。

1 家の両脇や裏側

敷地ギリギリまで建物がある場合の家の横、裏側のスペース。そのままにしていると通りたくない場所になりがちですが、ここも立派な庭の一部です。

ビストロ ラ・ペクニコヴァ

皆川邸

井澤邸

不規則さが魅力

敷石を不規則に並べたり、植栽スペースに大小をつけたりすることで、より自然な雰囲気に感じられます。

下は空間を広くあけて

両側に樹木を植えたときは、通行スペースを考え、下のほうは剪定で空間を広くつくって。

アクセントを使って

緑のなかにアクセントになる花を植えたり、小さな構造物を置いたりしても。

緑のトンネルに

家の脇の細長いスペースを緑のトンネルに変えた例を紹介します。植えたばかりのときは心許なくても、数年で景色が変わっていきます。

塀の内側を工夫する

樹木を植えることはできなくても、緑のかたまりや緑の連続を生み出すことはできます。暗くなりがちなスペースを明るくする方法もあります。

地植えは幅 10cm！

通路が明るくなるよう白い砂利を敷き、植栽スペースはわずか幅10cm。それでもこんなに豊かな緑の空間をつくることが可能です。

棚や立水栓をプラス

塀の内側に棚を設置して、小物や小さな鉢も置けるスペースに。立水栓も風景に溶け込むようにつくられています。

植栽に変化をつける

限られた空間に効率よく植物を配置するなら、立体感を生み出したり、植物の高低差を意識するとよいでしょう。

高低差やアクセントで

背の高い植物、背の低い植物を意識して植えたり、花や葉の色でアクセントを加えたりするなど変化に富んだ空間を。

パーゴラを置く

細い通路にパーゴラを置き、つる性植物を絡ませました。葉が茂る夏には涼しい木陰が生まれます。通路脇の下草とともに立体感ある緑に。

2 玄関側に面した道路と家の間

限りがある敷地で、唯一まとまったスペースがこの部分。玄関前に鉢を飾るだけだった家も、ここを見直すことで家のまわりが華やぎます。

一石二鳥の緑の小道

門扉を開くと、玄関まで林のような小道が続いています。石張りの部分は自転車を置くこともできますが、自転車がないときも、小道のよいアクセントに。

アプローチに変身

公道と家との間のスペース。道路と家の間に塀をつくりがちな部分ですが、発想を変えればここをアプローチにすることも可能。まとまったスペースがなくてあきらめていた小道も、これで実現できます。

家の壁と道路側の塀を利用

道路との間に塀を設けている場合は、塀と家の壁の両方に緑を使って、空間づくりをしてみましょう。奥行きが1m未満でも、豊かな緑のスペースとなります。

樹木＋下草にバラを

1カ所だけ樹木の植栽スペースをつくり、大きなヤマボウシを植えました。下草、壁と塀に這わせたバラとともに狭いながらも一体化した景色を生み出しています。

細長いスペース

まだまだある
こんな方法も！

「細長くてどうせたいした空間にはできそうもない」なんてあきらめないで！　限られた空間ながら、大きな主庭でしかできないと思っていたことも実現可能です。

麻生邸

風情ある景色に

寂しくなりがちな家の側面と道路の間の空間。雨だれが落ちる軒下には石を敷き、塀ギリギリまで樹木と下草を植え、風情ある自然の景色に生まれ変わりました。

ガーデンハウスも置ける

コンパクトなものならガーデンハウスも置くことができます。庭のテイストが決まり、植栽もしやすくなります。

ブランスクム邸

2

1

4

細長い
スペースを彩る
アイデア集

1 そのままでは無機質な水栓まわり。リースをかけてかわいらしく。

2 塀の内側にフェイク窓と棚を。明るい色の植物を飾ってみては。

3 エアコンの室外機を隠し、棚代わりに鉢や小物をディスプレー。

4 棚の上のディスプレーの中に鏡を加えて、奥行きをプラス。

5 小道はあえて異素材ミックスに。限りある空間に変化を生み出します。

6 家の脇に植えたカシワバアジサイ。家の中からも観賞できる位置に。

7 壁にアイアンのラティスを設置し、バラを這わせたり、小物を飾ったり。

3

7

6

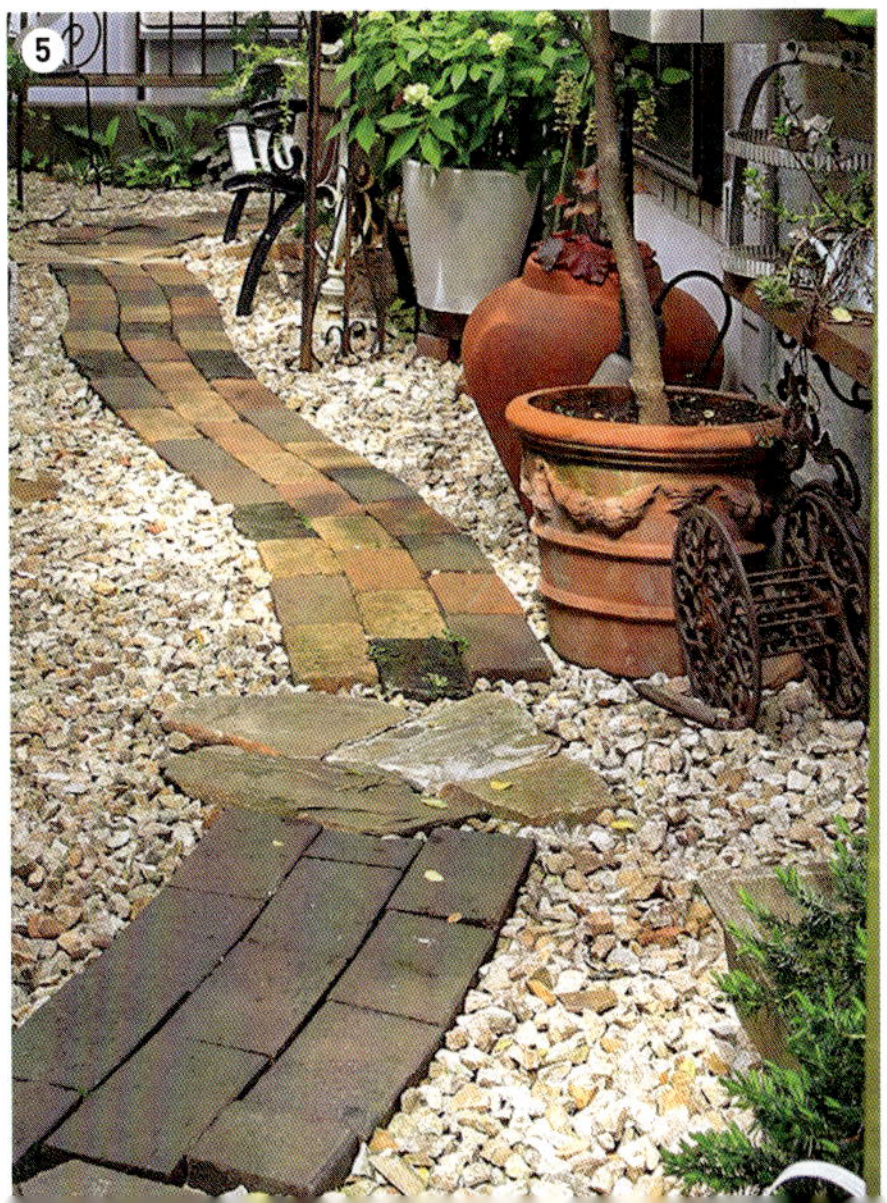

5

02

狭いスペースの活用法

通路になるほどのスペースもなく、庭どころか植物さえも植えられないと思われる場所を工夫した例の数々です。

狭いからこそ立体的でメリハリがついた空間に

狭いスペースを最大限に使うには、壁やフェンスなどを利用して、高さや奥行きを味方につけることが大切です。庭にできるスペースが広すぎると、平面に目が向き、あいているスペースにあれこれ植え、まとまりのないものになりがち。逆に狭いスペースなら、必要に迫られて立体的に植栽を考えることになり、結果的にメリハリの効いた空間をつくりやすいともいえます。また、少しでもスペースを生み出すため、塀の内側は狭くして道路側のスペースと合体させる方法も。開放的で近隣とも緑を共有できる空間になります。

1 壁・塀・フェンス

2 道路との境界

1 壁・塀・フェンス

植物を植えるのに必要な場所はそれほど大きくなくても大丈夫。家の壁や塀、フェンスを使って、植物をのびのびと育てることができます。

〔壁への這わせ方〕

すでにある柱や壁につる性の植物を這わせることで、効率的に植物を配置できます。つる性、半つる性のバラのほか、クレマチス、ジャスミン、ハニーサックルなどは花も香りも楽しめます。

窓辺を囲むバラ

窓下のわずかなスペースに植えたバラが大きく育ち、今では窓辺を美しく彩るようになりました。家の中からも外からも花を楽しめます。

フェンスにはバラと下草を

家の壁の上下にフェンスを設置。上部ではバラを伸ばし、足元には低木や下草で緑を育てて、白い壁面を華やかにしています。

ブロック塀の前を素敵に

古いブロック塀はそのままでは庭をつくりにくいもの。ブロック前に新たな塀を設置すると、その後の庭づくりにバリエーションが広がります。新たな塀を設置するときは風通しに注意しましょう。

chapot cafe

フェンスと樹木で雰囲気よく

雰囲気のある板を使って足元のブロック塀を隠し、建物の入り口と窓の横には通行人の視線を遮るため、手製のフェンスと常緑樹を。

ブロック塀から少しすき間をあけて風通しを保ち、白い木塀を設置しています。

白い塀で隠す

ブロック塀の前に白い木塀を設置しました。明るい背景によって、植物の緑がいっそう映えています。

佐藤邸

隣家との境界に緑を

隣家との境界は双方で気兼ねをしがちな場所ですが、一緒になって緑のスペースをつくるとよいでしょう。どちらの家にとっても緑が家を引き立てるメリットがあります。

神村邸

隣同士の植物が融合

塀を挟んでそれぞれの庭に植えた植物が一体となって景色をつくり、両家で植物の楽しみを共有しています。

植栽帯を設ける

敷地の端に設けた植栽帯には、高低差をつけて樹木と下草を配置。パーゴラもよいフォーカルポイントに。

麻生邸

2 道路との境界

家のまわりに通路を確保することはあきらめて、道路との境界に緑のスペースを設けることで、かえってゆったりと植物を植え、育てることができます。

樹木が目隠しを

塀代わりにした植栽を内側から見たところ。中・低木をうまく組み合わせて、適度な目隠しになりました。

壁面のバラと緑をつなぐ

門柱の横は塀代わりに樹木を、足元のわずかなスペースには四季の花を植えています。家の壁に這わせたバラと緑が一つにつながっています。

〔 緑を塀の代わりにする 〕

道路と家との間にわずかなスペースしかないときは、あえて塀をつくらずに、植えた植物で塀のようにする方法もあります。

生け垣はつくらず植栽帯に

常緑樹で生け垣をつくりがちですが、あえて樹木と下草の植栽帯に。窓のある部分は緑が重なるようにしました。

樹木で緑のアーチを

中・高木と下草でシンプルに。高木の枝葉がエントランスにかかる緑のアーチとなりました。

土手をキッチンガーデンに

北側の道路側の土手には、半日陰でもよく育つフキやミョウガなどを植え、キッチンガーデンに。

塀と道路との間に植栽スペースを

建物ギリギリにつくった塀と道の間の植栽スペースは、家族だけでなく、道行く人の目も楽しませてくれます。

道行く人と緑を共有

花壇横にはベンチを置き、地域の人と緑を共有。柵に沿って咲かせているアグロステンマは圧巻です。

03

日陰・半日陰を楽しむ

日陰や半日陰のスペースは、日が当たりすぎるところよりも美しい空間を早くつくり出すことができます。

光と影の効果で深みのある庭に

限られたスペースを庭にするときに、しばしば問題となるのが日当たりの悪さ。せっかく南側にスペースがあっても、隣の家の陰になってしまうということもよくあります。一見、庭づくりには悪条件と考えられますが、日当たりは庭づくりの絶対条件ではありません。一日中日が当たりすぎると、植物が疲れてしまうため、庭づくりの専門家たちもあえて木を植えて木陰をつくり出しています。日当たりに制限があればこそ、光と影によって深みのある庭づくりが可能に。日陰に強い植物も多いので、探し出してみましょう。

背景を白くする

塀など、空間で大きな面積を占める部分に白を選ぶことで、明るい印象になります。

〔 白色を効果的に使う 〕

日が当たりにくいところでは、白い色を効果的に使うことで、その空間がとても美しいものに。白いものがあるだけで、周囲を明るくしてくれます。

白い石や造形物を使う

1　ウサギのオブジェも周囲を明るく、ユーモラスな雰囲気に仕立てます。
2　きのこのオブジェが見え隠れ。日が当たりにくい暗い一角を明るく表情豊かにしています。
3　もともとこの庭にあった白い御影石をポイント的に配置。ひときわ明るい一角に。

白い花を植える

1　トキワイカリソウの花は、姿も可憐です。
2　ノースポール。マーガレットに似た花ですが、葉に切れ込みが入っているのが特徴。株が蒸れないように、切り戻しを。
3　ナナカマドは花が白いだけでなく、葉色も軽やか。
4　ユキヤナギ。生育スピードが早く、手間をかけずにたくさんの白い花をつけます。
5　アナベルなど白い花の足元に、白い化粧砂も合わせています。
6　ヒヤシンス。寒さに強く、地植えでも育てられます。庭が寂しい2～3月に花を咲かせます。

1 マホニアの細い葉が、周囲の景色に大きく変化をつけています。
2 濃い緑色のリシマキアの上に白い縁取りのホスタが、ぱっと花を咲かせたかのような華やかな存在感です。
3 アマリリスの赤い花、アスチルベの白い花が対照的です。
4 シルバーリーフと斑入りのホスタを組み合わせています。その間を埋めるように自然発生したコケも美しく。

葉の色、形、質感に変化をつける

日当たりが悪いとどうしても花つきが悪くなります。こんな場所では個性的なリーフプランツをアレンジするのがおすすめ。こうした環境を好むものが多く、葉の色や形、質感もバリエーション豊富です。

1　芝生の緑。緑色が続く場所ではレモンイエローのヒペリカム カリシナムが、場面を引き締めます。
2　カシワバアジサイとドウダンツツジの紅葉。周囲を明るく照らします。
3　いろいろな葉の形のリーフプランツの一角。スコットランドのゴルフ場で使われていた古いカート用標識を設置しました。
4　2色のヒューケラがスペースを華やかにしています。フッキソウ、ベニシダの明るいグリーンも効果的。
5　葉の形や色、質感もそれぞれ。赤い葉のコルディリネがポイントに。

タマリュウを敷き詰める

緑の絨毯のようなタマリュウ。ところどころに葉に動きのある植物を植えることで、変化を持たせています。

あえて水場をつくる

日陰・半日陰には水場が似合います。多少水はけが悪くても水場を設けることで、かえって排水に着目でき、適切な環境を整える助けになります。

1 ユニークなオブジェをのせた水がめの周囲は、セキショウが趣を加えています。

2 水がめのまわりには斑入りのアオキ グリーン&ゴールド、アカンサス モリスなど個性的な葉を有効に使っています。

3 土盛りをして傾斜をつくり、庭の中に渓流が生まれました。水の流れる音にも癒されます。

4 **3**の下流部分。水鉢を埋めて湧水のように。自然な雰囲気が庭にうまく溶け込んでいます。

見せ場をつくる

日照条件が悪い場所では、見せ場を設けることもおすすめです。明るい色の植物や小物などを使って、楽しい演出を。

M邸 2

M邸 1

A邸 4

麻生邸 3

1 自然の中に見られるクサソテツの群落をイメージして、庭の中にも群生場所を。日陰に強く、葉色も明るくきれいです。

2 1のクサソテツのエリア中に小さなテーブルとイスのオブジェ。クサソテツの林で遊んでいる虫たちの憩いの場？

3 樹木が木陰をつくる場所に、庭を訪れる鳥のエサ台を設置。鳥の落とし物からは意外な植物の発芽も。

4 全体に暗い印象の庭の中に、イカリソウの明るい葉を環状に剪定。ユーモラスな一角です。

日当たりがよすぎる場所の植栽アイデア

1 常緑の樹木を植えて、直射日光が当たらないようにしてみましょう。

2 地中の水分が蒸発しにくいよう、グラウンドカバーで覆うとよいでしょう。

3 日当たりのよい場所でよく育つ芝を使い、乾燥に強い植物で植栽アイランドを。

大山邸 3

2

1 西村邸

小さい スペースを彩る アイデア集

1 駐車場脇の細長い場所。アナベルとラベンダーで白い背景に統一感を。

2 塀下のほんのわずかなスペース。バラエティ豊かな葉の色や形です。

3 バラの根元の小さなスペースにも表情のある葉や花を。

4 レンガのすき間にも匍《ほ》匐《ふく》植物を。花が咲くものなら季節感も楽しめます。

5 匍匐植物と一年草を混植。花が終わったら、植え替えます。

6 家の角の一角。アンティークのスタンドの足まわりにも葉物をあしらって。

7 壁に這わせたバラの足元。レンガで小さな植栽スペースを強調しました。

8 あらかじめあけておいた植栽スペース。白い背景に緑が引き立ちます。

03

CHAPTER

工夫いろいろ！

場所別 小さな庭づくりのアイデア

スペースに限りがあり、庭にできる部分が少ないと悩んでいるなら、庭としては考えていなかったところを「小さな庭」にしてしまう方法もあります。工夫してスペースを生み出し、素敵な庭になった例を紹介します。

定番の場所も見栄えよく

エントランス&アプローチ

庭になるスペースがまったくない場合でも、
玄関まわりのこのスペースなら使えそうです。
お客様や疲れて帰宅する家族を迎えるところ。
見栄えとともに癒し効果のある場所にしたいものです。

神村邸

緑を使って やわらかさをプラス

パブリックな場所からプライベートな場所へと切り替えの場面であるエントランスやアプローチ。エントランスは建物の壁やタイルなど、硬い資材が使われていることが多いので、植物を飾ってやわらかな雰囲気をプラスしたいものです。スペースが小さいほど、立体感を加えてみましょう。パーゴラを設置してつる性の植物を這わせるとバリエーションも広がります。アプローチは通る人の視線の流れを意識することがポイント。先を見えないようにすることで、奥行きも生まれます。エントランス、アプローチとも、植物が生長しても邪魔にならないよう植栽を考えましょう。

パーゴラで新たなスペースを

建物と道路の間には古い資材で塀をつくり、パーゴラを設置。見た目に雰囲気をプラスしたほか、収納もできるスペースも生まれました。

つる性植物の足元を利用して

2階のベランダを覆うつる性植物が、足元ではエントランスを緑で囲み、隣家からの目隠し効果を生んでいます。

手づくりの塀を設置

もともと設置されていたフェンスを取り除き、狭い場所で立体的に植物を飾ることができるパーゴラと鉢台がついた塀を手づくりしました。

旗竿地をアプローチに

旗竿地の竿部分を生かして

旗竿地を上手に生かしたアプローチ。小道にカーブをつけ、両側に植えた樹木がアーチのようになっています。写真左が入り口側から、右が家側から見たところ。

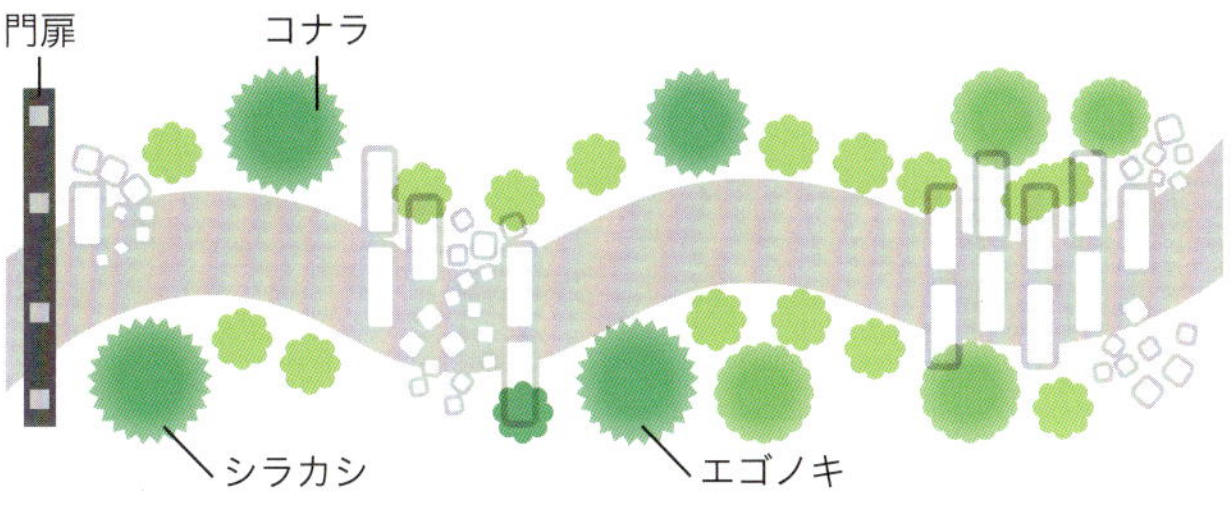

狭くてもくつろげる場所に

テラス・ベランダ

土のないところでもくつろげる空間を生み出すテラスやベランダ。
緑の力で癒し空間につくり上げましょう。
土がない限られたスペースに
どう植物を配置するかが、腕の見せどころです。

ここでくつろぐことをイメージしてみる

庭にするための地面が少ないときは、テラスやベランダを活用しましょう。もともと物干し台や物置を置く以上のことを考えていなかった場合でも、まず、飲食を楽しんだり、ゆっくりくつろいだりすることを念頭に置いて、スペースを整える構想を練ってみましょう。テーブルとイスを置けば、近隣からの視線をうまく遮ってくれるものがほしくなります。塀の面を使ったり、パーゴラをつくったりして緑を配置することを考えると、どこにどんな植物がほしいかが次々と浮かんでくるはず。

　もともとあったデッキが狭いなら、敷地ギリギリまでデッキを増設するのも手です。中途半端に地面が残っているときの使い道は頭を悩ませますが、あえて地面を減らして植栽スペースを制限することで、効率よく植物を植えて大きく広げることも考えやすくなるでしょう。テラスやベランダは屋外リビングとなって、家で過ごす時間を豊かにしてくれます。

緑に囲まれたテラスが庭代わり

田中邸

庭のスペースがまったくとれないため、2階ベランダをつる性植物で覆い、くつろぎの空間にしました。

家族で楽しむ テラスライフ

パーゴラ下をアウトドアリビングに

白い塀と一体化させたパーゴラにはブドウが実ります。緑に囲まれ、ここは第2のリビングに。テラスの段差を生かして鉢を置き、レイズドベッドに植物を植えています。

休日はもっぱらテラスでの食事を楽しんでいます。家族のバースデーパーティーももちろんここで。庭で実った果実も家族で収穫してデザートに。

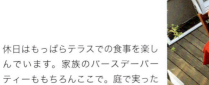

月田邸

デッキ下は動線を確保

リビングから続くデッキの下はレンガや枕木で動線を確保。植栽スペースに区切りがついて、植物を植えやすく、また手入れもしやすくなります。

ブランスクム邸

室内からもバラを楽しめる

2階のベランダには、1階の軒を越えて伸びてきたバラがきれいに咲いています。室内からも目の高さで楽しめるバラ園に。

COLUMN

庭のアクセントになる寄せ植えポット

エントランスに置いたり、壁に飾ったり、フォーカルポイントに使ったり。
移動もしやすい寄せ植えポットは、庭の中で大きな役割を果たします。

リーフプランツのみの寄せ植えですが、葉の色や形、草丈を吟味して変化をつけています。

こんもり茂る葉から伸びる茎が美しい寄せ植え。緑色の葉だけでも表情豊かに。

高さのあるポットに一年草や色のあるリーフプランツを使用。華やかさがほしい場所に。

セイヨウニンジンボクとタイムの香り豊かなポット。白い塀前のアクセントに。

側面にポケットがついたストロベリーポット。名前の通り、イチゴも植えています。

ハンギングバスケットにシンバラリアを垂らし、上部にはゼラニウムの花でポイントを。

庭として使える工夫を

駐車場

敷地の広さに限りがある場合、建物以外のほとんどの場所が
駐車場にとられてしまうことも少なくありません。
少しでも植物で彩ることができるよう、
あらかじめ計画を立てておくとよいでしょう。

佐藤邸

住宅建築の早い段階で植栽の計画も

まとまった庭の広さが確保できない場合は、駐車場を庭としても利用する方法があります。駐車場は住宅を建築するときの外構工事中にコンクリートで覆われがちです。計画の早い段階で、緑をあしらう方法を考えて施工業者と相談しておくとよいでしょう。

駐車場全体に地面を残し、タイヤの幅に合わせて石や枕木などを敷く方法、植物を植えられるところを少しずつ残してコンクリートを敷く方法などがあります。平坦になりやすいので、カーポートを使うなど立体感を意識するとよいでしょう。奥まった場所は日陰になりやすいので、注意を。

来客用駐車場は庭の一部として

写真の手前は自家用、石畳の部分は来客用の駐車場です。来客用を使う機会は少ないため、ふだんは庭の一部になるよう区別しました。

植栽帯で仕切る

建物と駐車場との間には、植栽帯を。樹木が育っていくと、適度な目隠しにもなります。

エントランスとの間にシンボルツリーを

タイヤがのる部分には木材を敷き、土の部分を残しました。駐車場とエントランスの間にはシンボルツリーを。白壁に木の影が映ります。

パーゴラの植物と庭をつなぐ

レンガを敷いた駐車場の上部にパーゴラを設置。バラを這わせ、庭の緑とうまくつなげています。

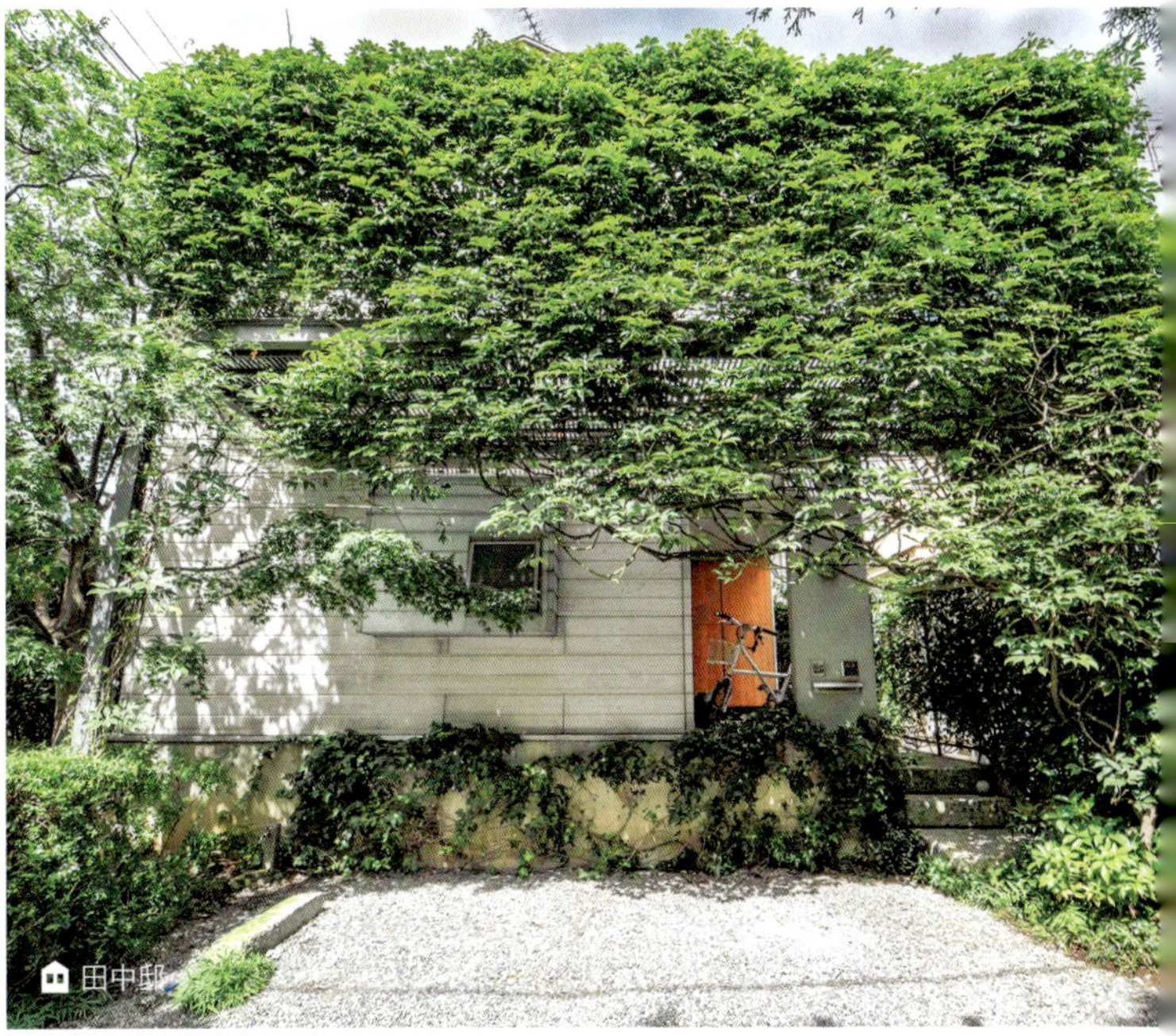

庭との境界を自然な雰囲気に

駐車場は砂利敷きの部分。庭との区切りには柵を設置し、シンボルツリーを植えました。

ベランダの下を駐車場に

p.60の田中邸のベランダの下は駐車場に。限りあるスペースを効率的に使っています。

植物がよく育つ

レイズドベッド

レイズドベッドとは、
植物を植える土面が高くなるようにした花壇のこと。
植物の入れ替えがしやすく、樹木も植えられます。
水はけや日当たりがよく、植物が育ちやすい場所です。

植物にも人にもやさしいスペース

公園などでもよく見かける、少し高さのある植栽スペース。これは、レイズドベッド、植えマスなどと呼ばれています。平面の花壇よりも高さがあるため、より日が当たりやすい、風通しがよい、水はけがよいなど、植物を育てるための環境は抜群。さらに人にとっても植物の手入れがしやすく、花や葉の美しい部分が目線の高さとなり、いいことづくめです。ここには樹木も植えられます。地植えする場合よりも、根張りが制限されるので、コンパクトな樹形で生長します。庭づくり初心者なら、庭の片隅にレイズドベッドを設けて、まずはこの中で植物を育てることから始めてみるのもよいでしょう。

形に変化をつける

レンガを積み上げてつくったレイズドベッド。形に変化をつけることで植栽も平坦に見えません。レイズドベッドには大きく育つ樹木も植えられます。

神村邸

わずかな高さでも水はけがアップ

レンガの幅分の高さですが、これだけで水はけがずいぶんよくなります。樹木もしっかり育っていきます。

植え替え自由のスペースに

エントランスの片隅に小さなレイズドベッドを。作業がしやすいので季節の一年草を楽しんでいます。

柵を設ければつる性植物も

レイズドベッドの後方に柵を設ければ、つる性植物を這わせることもできます。ここではバラを。エントランスを華やかに飾ります。

隣家との境界に

レイズドベッドには、常緑樹ながらやわらかな印象のサワラを植えて、生け垣代わりに。足元には葉が美しい下草を。

日当たりのよい場所で

手づくりの木製レイズドベッド。日当たりのよい場所を選んで設置しました。ハーブを植えてキッチンガーデンに。

小物や構造物でグレードアップ

フォーカルポイント

庭の中でとくに人の目を集める場所であるフォーカルポイント。
いくら素敵な植物があちこちに植えられていても
どこかにこのポイントを決めておかないと
落ち着きのない庭となってしまいます。

小物

庭のつくり手のセンスが問われる場所

手軽にできるのは小物を使ったフォーカルポイントづくりです。お気に入りのものを飾ればよいとはいえ、ここは視線が集まる場所。庭のつくり手のセンスが問われます。設置する前と設置したあとの庭を見比べてみて、風景が引き締まるようにしましょう。

日当たりがよくないところなら、明るい色のものを置くと効果的です。植物をあしらった鉢を飾るほか、大きめの鉢ならそれだけで存在感を高めるでしょう。あくまでも視線を一点に集めるのが目的ですから、小さなものを置く場合は、まとまりのあるシーンに。個性的なフォルムの植物も見応えがあるでしょう。

その場所になじむ工夫を

壁の前に小さな棚をつくり、鉢を置きました。背後にはつる性植物を伸ばし、この場所が浮かないように配慮を。

高橋邸

ブリキの器を鉢に

大ぶりのブリキの器いっぱいに植物を植えました。花色を白で統一したことで、存在感のある一角に。

コーナーをつくる

フェンス前に設けた小さな棚に鉢を置き、絵画をフェンスに飾りました。まわりを植物で囲み、印象的なコーナーに。

鮮やかな背景に

個性的な鉢に植えた多肉植物。背景に鮮やかなブルーの板を置くことで、ぱっと目を引く存在になりました。

雑草もアクセントに

塀の内側に設けた棚に花びん代わりのジョウロを。小さな花をつけた雑草もここでは立派なフォーカルポイントになっています。

リースを工夫して

リースの土台にバスケットをつけてツタを這わせ、ハンギングバスケットのように。はみ出して伸びた枝もアートです。

小枝の花台

植物になじみやすいよう、小枝を使ってつくった花台。ツタが下に向かって伸び、自然がつくり出すオブジェになりました。

吊した鉢置き

パーゴラにアンティークな鳥かごを吊し、鉢置きに。頭上にもフォーカルポイントをつくりました。

イスにのせて

小さな鉢は、目線の高さにくるようにイスの上にのせました。小さなものでも工夫することでフォーカルポイントに。

まとまりをつけて

塀には絵皿、取りつけた棚には小物や鉢を飾りました。周囲の樹木の緑を添えることで、まとまりのついた一角に。

緑に厚みを

バラを這わせたフェンスにツタが入ったハンギングバスケットをプラスすると、緑がつながり、厚みが出ました。

複数並べて

何気ない鉢もセンスが光ります。いくつか並べるだけで明るいスペースのアクセントに。

木塀のアクセント

木塀に取り付けられているように見えますが、実はフックにかけた鉢。いろいろな鉢を探してみましょう。

バラいっぱいのパーゴラ

パーゴラいっぱいにつるバラが広がりました。開花期は黄色の布で覆われているような華やかさで視線を集めます。

構造物

小さな庭にこそ効果的に使って

フォーカルポイントは構造物を利用してもよいでしょう。アーチ、パーゴラなどは市販のものを利用するほか、少し時間をかけても庭の雰囲気に合ったものを手づくりしても。構造物は広い庭でしか使えないわけではありません。庭の入り口をはっきり示したり、雰囲気の違う植栽をしたいときの場面の切り替えに使ったりなど、小さな庭にこそうまく取り入れたいアイテムです。また構造物を使うことで、植物を立体的に配することが可能です。アーチやパーゴラを伝ってどんどん伸びていく様も楽しめ、大きく育って構造物をすっかり覆うようになった光景も見応えあるものになるでしょう。

アーチが小道に趣を

アイアン製のアーチが緑で覆われました。小道に趣きを加えるフォーカルポイントに。塀や門扉代わりになる万能アイテムです。

作業スペースを一つに

水栓と作業スペースを組み合わせた収納ラックをオーダーメイド。家の壁の前に実用的なフォーカルポイントが出現しました。

植物が映える白いパーゴラ

駐車スペースとメインガーデンを区切る白いパーゴラの柱をバラが這い上がり、花が咲くと庭のアクセントになります。

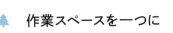

ガーデンハウスで

ガーデンツールを収納でき、庭のフォーカルポイントとして大いに役立つガーデンハウス。つくりたい庭のイメージや、置けるスペースをよく考えて検討しましょう。

小ぶりサイズで

小さなスペースでも圧迫感のない小ぶりサイズのハウス。大きさを考慮すれば、小さな庭でもハウスを。

波線がかわいらしい

塗り壁、屋根下、ドア飾りの波線が効いているかわいらしいハウス。ユニークなオブジェも味つけに。

古い板のドアがポイント

古い板を使ったドアが個性的。白い壁は植物を這わせるスペースとしても利用できます。

使い勝手よく

男前なハウス。あえてドアはつけずに使いやすさを優先したオープンタイプ。

淡い色でやわらかく

淡い色の壁とドアはやわらかく、狭いスペースでも窮屈さを感じさせません。

明るい色遣いで

日が当たりにくい場所にあるハウス。明るい色遣いで、まわりも明るくします。

奥行きを与える名アイテム

小道

小道は小さな庭でもつくれます。
どんな資材を使って、
どんな並べ方をするか、
考えることも楽しいものです。

小道をつくって庭に雰囲気を与える

小道の材料の使い方次第で、庭の雰囲気も違って見えます。レンガや木材を使えばナチュラルな雰囲気に、石の平板を使えばモダンな印象になるでしょう。同じ資材を使っても、並べ方でまた違う印象になること間違いなし。あえて何も使わず、土の小道に植物が寄り添うシーンも趣があります。また、まっすぐな道、大きくカーブする道、蛇行する道など、道の形状によっても、庭の空気感が大きく変わります。

1 丸い石をゆるやかにつないで穏やかな道に。**2** 緑に映える茶色の小道が森の中に消えていくよう。**3** 長方形の平板石の先は木材を。異素材ミックスの道は場面転換効果があります。**4** 芝生のアクセントになるピンコロ石の小道。**5** 家族が集めていたガラス玉を埋め込み、より思い入れのある場所に。**6** 板を横にして並べていきました。道路に面した入り口にはワンクッション置くための鉢を。

COLUMN

自分でできる手づくりガーデン

花壇や小道など、自分で簡単に手づくりすることができます。完成時には不満足でも、時間の経過によって味わい深いものに変化するので大丈夫！

花壇をつくる

1 花壇をつくる場所の土をならし、レンガを並べるところに川砂をまきます。

2 1段めのレンガを並べます。カーブはレンガを縦に置くとスムーズです。

3 レンガを3段積み重ね、花壇の囲いができました。

4 花壇の中に市販の培養土を入れて完成。植える植物に合わせて土づくりを。

レイズドベッドをつくる

1 プランターを置き、プランターの縁がかかるようまわりにレンガを並べます。

2 プランターがぴったり入るまで、レンガを互い違いに積み重ねていきます。

3 プランターの中に市販の培養土を入れます。

4 植える植物に合わせて土づくりを行い、必要な元肥を施し、苗を植えます。

小道をつくる

1 レンガを敷く部分の小石や根を取り除き、レンガ1つ半分の深さに掘ります。

2 レンガを敷く部分に川砂を入れ、平らにならしておきます。

3 レンガを並べ、ゴムハンマーなどで上から軽くたたいて固定します。

4 並べ終えたらレンガの上から川砂をかけ、目地の中まで入れて完成。

芝を張る

1 芝の苗（切り芝）と芝の目土を用意します。

2 小石や根などを取り除き、約10cmの深さまで掘り返します。

3 切り芝を1枚ずつ並べていきます。

4 並べ終えたら、上から目土をかけ、きれいに掃き出し、水やりをします。

04

CHAPTER

あこがれを形に！

イメージ別
小さな庭づくりの
アイデア

小さな庭でも、「こんな庭にしたい」「あんな庭にできたら」と、思い描いていたイメージを実現することは可能です。小さいスペースだからこそのアイデアを重ねて、あこがれを形にした庭を紹介します。

一年中花が美しい花壇

草花が咲き乱れるような花壇を小さな庭にも取り入れてみたい……。手入れが楽で美しい花壇のつくり方を八ヶ岳のふもとでグリーン コテージ ガーデンを主宰するガーデナーの井上華子さんに教えてもらいました。

特徴を生かした組み合わせを

花壇をつくるときにまず考えたいのが、一年草と多年草・宿根草の区別です。一年草とは、毎年種をまいたり苗を植えたりと手間はかかりますが、花は色が美しく、華やかな雰囲気のものが多いのが特徴。多年草は一度種まき、苗の植えつけをすると数年楽しめる草花です。一年草に比べて花は地味で開花期間が短いですが、手間がかかりません。これらをうまく組み合わせることで一年中、花を楽しめる花壇が生まれます。

Q **植えつける前に土壌改良をしたほうがいい？**

A（井上さん）一年草の植え替え時に行います。咲き終えた株を抜いたら残っている古い根を取り除き、スコップや移植ゴテなどでよく耕します。そこに牛ふん、腐葉土、くん炭を入れてよく混ぜ、新しい苗を植えます。年に２回の植え替えの度にこの作業を行っておけば、次の植え替えまで追肥をしなくても、美しい花を次々に咲かせることができます。

冬から春の花壇

オブジェのまわりにつくる

1 円形花壇

庭にあいたスペースがあれば、中央にオブジェを置き、そのまわりに花壇を。美しい花壇に仕上がります。

緑の縁取りは宿根草で

丸いスペースには、まず縁取りとなる植物を。この花壇には季節によって葉色を変化させるハツユキカズラを植えています。宿根草を入れておくことで、一年草を年に2回入れ替えるだけで一年中花が楽しめる花壇になります。

植えつけから3日後

苗を植えつけたときとほぼ同じ状態。周囲は多くの植物が枯れて冬の光景ですが、この花壇は縁取りのハツユキカズラが生き生きとし、その中でビオラなどが春の訪れを待ちわびています。

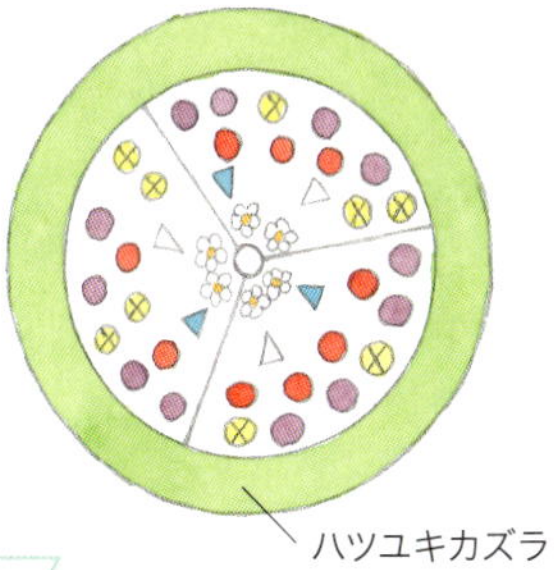

植栽図

- ノースポール
- エレモフィラ
- シロタエギク
- ビオラ（紫）
- ビオラ（ピンク）
- ビオラ（黄）

植えつけから113日後

それぞれの株は確実に大きくなっています。中央のノースポールはほかの花よりもひと足早く花の数を増やしています。このように、同じ春に咲く花でも、開花期が少しずつずれるように植物選びを。

Q 冬の間の生長は遅い？

A（井上さん） 11月中旬に植えつけてから4カ月くらいは、一見あまり変わらないように見えます。春や夏のようにみるみるうちに大きくなっていくことはありませんが、庭の花壇なら毎日水やりなどで観察しているときに、昨日より、今日よりと少しずつ変化していく様子を実感できることでしょう。そして3月末ころからは一斉に大きくなっていきます。

※写真の花壇は東京。お住まいの地域により、時期が少しずつ異なります。

夏から秋の花壇

夏らしく元気な色を使っていますが、ビビッドすぎず、やや彩度を落とした色の花を植えることで、落ち着いた雰囲気になっています。

夏から秋の植え方のポイント

1 差し色が突出しすぎないように

反対色の緑×赤がベースになっているなか、こっそり顔をのぞかせているのがアメリカンブルー。差し色は突出しすぎない量に抑えましょう。

2 葉ものを生かす

暑さで花が少なくなったときに、彩りのある葉ものを入れておくと、花壇の中が華やぎます。

3 乾燥に強い植物を使う

夏の暑い時期は水切れをしやすいもの。水やりを心がけていても不足して弱ることもあるので、乾燥に強い植物を使っておくと安心。

4 年によって色違いの花にしてみる

何年か同じ花壇で育てていると環境に合った植物がわかってきます。種類は同じでも年によって色を変えるだけで毎年の風景に変化をつけられます。

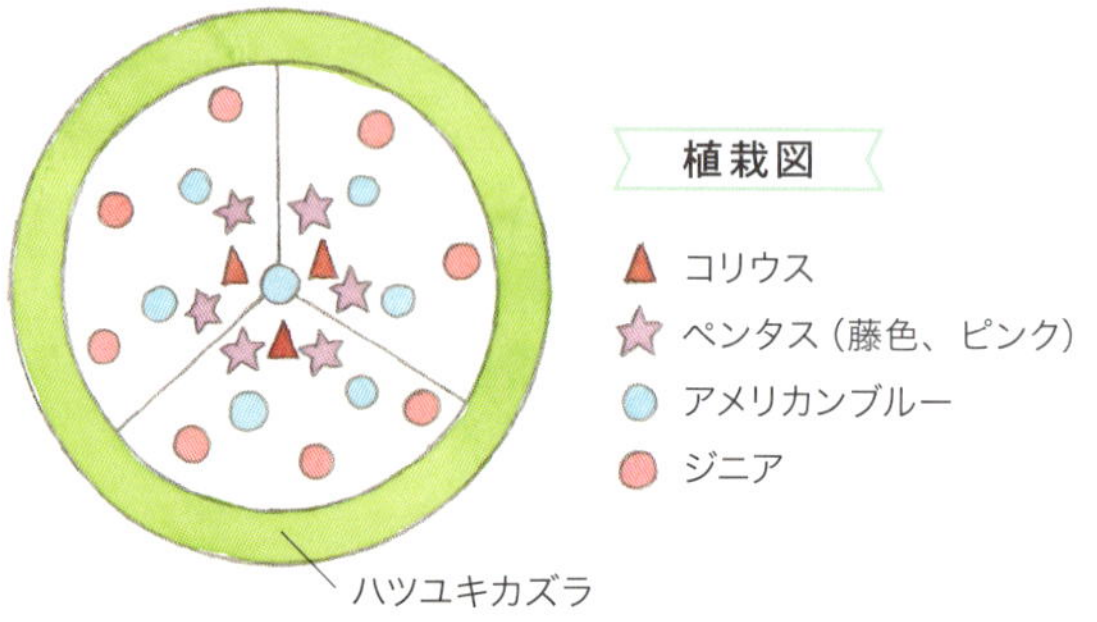

Q 春に咲いたチューリップの球根は掘り上げたほうがよい？

A（井上さん）球根を残しておいて次の年にも咲かせたい場合は、花が咲いている途中で花を取り除く必要があります。最後まで咲かせた場合の多くは翌年には咲きません。また、球根をそのまま残しておくとウイルス感染しやすいので、一年草と考えて取り除いたほうがいいでしょう。

円形花壇の 植え方のポイント

1 手がかかる植物は外側に植える

ビオラの花がら摘みなど手をかけたい植物は、円の縁近くに植えるとよいでしょう。逆に手のかからない植物は円の中心（奥）へ。

2 3等分して考える

円形の360度のスペースに均等に苗を植えるのは難しいもの。スペースを3等分して苗の数を決め（p.77、78の植栽図参照）、あらかじめ置いてから植えていきましょう。

3 苗と苗は十分な間隔を

急速に生長を始めると、株間があっという間に埋まってしまいます。このことを考慮して、苗と苗の間は十分にあけておきましょう。

4 中心を高く、外側を低く

生長したときの草丈が、中心に高いものが、外側に低いものがくるように植物を選んで植えましょう。

5 球根はジグザグに植える

チューリップの球根はジグザグに植えつけます。茎が伸びて開花したときに、ランダムで自然な感じに見えます。

6 常緑の植物を入れておく

ここではいちばん外側のハツユキカズラが常緑植物。冬の間もきれいな緑色を残し、花壇が生き生きとします。

Q 植物はどう選ぶ？

A（井上さん） 華やかさを出すために、一年草の花でスペースが埋められるようにしましょう。1苗からこんもりと茂りながら大きくなっていくタイプの植物がおすすめです。また、それぞれの開花期が長く、全体では開花期が少しずつずれるようなものを選ぶと、花を長い期間楽しめます。

Q 色合わせはどうしたらいい？

A（井上さん） この花壇は春に見せ場がくるので、パステルカラーを中心にしました。全体的にやわらかな色彩の中でも草丈が高く飛び出したチューリップのピンクがポイントになっています。同系色でまとめるときも、奥行きを出すためにポイントになる色を入れるとよいでしょう。

庭の片隅でつくる

2 四角い花壇

植え方によって、スペースが小さくても草原のようなたたずまいの花壇をつくることができます。

スムーズな主役交代が理想

丈が伸び、花が最盛期のときにどんなボリュームになっているかを想像しながら植え込んでいきましょう。草丈がまだ小さい間、そして伸びてきてからと、それぞれの主役交代がスムーズに行われる花壇が理想です。

CASE 1

こんもりとした花畑に

冬から春の花壇

手前のパンジーと奥のノースポールは、
まだ花がごくわずかしかありません。

パンジーとノースポールの生長が勢いを
増し始めました。

花壇いっぱいに花が広がりました。奥側に草丈が高くなるもの、手前に草丈が低いものが植えられているのが一目瞭然です。

植栽図 冬から春

ノースポール　ネメシア（ブルー）
シロタエギク　パンジー

※ノースポールとシロタエギクの間にチューリップを同時に植えています。

夏から秋の花壇

バラエティ豊かな葉が旺盛に茂る夏の景色。緑色の中にトレニアの花の濃いブルーの縁取りが効いています。

植栽図 夏から秋

コリウス　トレニア（青）
ペンタス　ユーフォルビア
シロタエギク

CASE 2

ハボタン→ヤグルマギクへ

冬から春の花壇

花の間にハボタンを植えています。

ハボタンは盛りを過ぎトウ立ちしてきました。

ハボタンを取り除いたあとにヤグルマギクを。花が咲くのはもう少しあとですが、それまでのすっと伸びた草姿が花壇のアクセントに。

植栽図 冬から春

カレンデュラ（オレンジ系）
ハボタン（白）（→ヤグルマギク・青）
ビオラ（藤色）

夏から秋の花壇

コリウスの葉色が赤と黄色をうまく橋渡ししています。

植栽図 夏から秋

コリウス（赤）
コリウス（黄）
ジニア（黄、オレンジ）
マリーゴールド

CASE 3

夏と春でガラリと変化

冬から春の花壇

一年草の苗を植えつけました。

リナリアが花を増やしてきました。

植え込んでいたチューリップが咲き、すべての植物がわき立つような景色をつくっています。

植栽図 冬から春

チューリップ（オレンジ、黄）
リナリア（黄）
カレンデュラ（オレンジ系）

※チューリップとリナリアの奥にシロタエギクを植えています。

夏から秋の花壇

色合いと葉のボリュームで、清涼感と力強さが同居する空間に。

植栽図 夏から秋

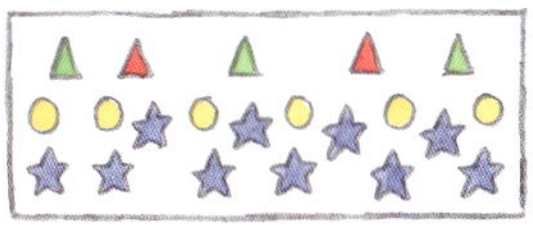

コリウス（黄色系）
コリウス（オレンジ系）
マリーゴールド
ブルーサルビア（青）

四角い花壇の 植え方のポイント

1 手前に低い植物、奥に高い植物を植える

円形花壇のときと同様に、奥から手前になるに従って草丈が低くなるように植えます。それぞれの植物に日もよく当たります。

2 ジグザグに植えつける

列ごとに植物を決めたら直線でなくジグザグに植えていくと、大きくなったときに混ざり合い、自然な雰囲気になります。

3 主役が移り変わるようにする

いつも何かが主役になるように、開花時期や生長のスピードの違うものを組み合わせましょう。

4 大きくなったときの広がり方をイメージする

苗の状態と花や葉の最盛期の状態を知っておき、その植物がどう大きく広がっていくかをイメージしてみましょう。

Q 植物はどう選ぶ？

A（井上さん）花の形や草姿が同じようなものばかりにならないよう、変化に富んだ組み合わせにします。花壇日記をつけて広がり方などを記録しておくと、あとの参考になるでしょう。一年草だけを使う場合でも、こぼれ種でよく増えるものは、宿根草と同じように考えて構成します。

Q 色合わせはどうしたらいい？

A（井上さん）まず、その花壇でメインになる色を決めます。それをおとなしいイメージにするか、明るいイメージにするかによって、合わせる色を選びます。はっきりした色のものを組み合わせる場合も、それぞれの色の量によってうまくバランスをとることが可能です。

CASE 4

こぼれ種を生かした花壇

冬から春の花壇

地表に出ている草花はまだわずか。

ラナンキュラス、オルレアを追加しました。

キンギョソウの間にこぼれ種から育ったワスレナグサも咲き揃い、花の絨毯が見事にでき上がりました。

植栽図 冬から春

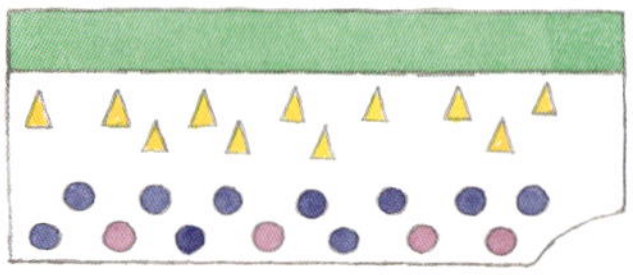

▲ キンギョソウ（黄）　● パンジー
● ビオラ

※キンギョソウの間にチューリップの球根を植えています。

夏から秋の花壇

赤＋黄色と青＋クリーム色のバランスが絶妙です。

植栽図 夏から秋

▲ サルビア（ピンク、赤）
● マリーゴールド（クリーム）
● マリーゴールド（オレンジ）
▲ アゲラタム（青紫）
◎ ベゴニア（赤、銅葉）

生け垣の足元も花壇スペースに

生け垣があるのなら、その足元も利用してみましょう。
わずかな奥行きでも華やかな花壇に変身させることができます。

暗くなりがちな常緑樹の足元には明るい花色のデージーを植えました。

デージーの株が少しずつ大きくなり、花も少しずつ増えてきました。

デージーと一緒に植えつけた縁取りが美しいチューリップも開花。常緑樹の葉を背景にした花壇がいっそう華やぎます。

植栽図

☆ チューリップ
○ チロリアンデージー（赤、ピンク）

6月の花壇は宿根草の花が咲き乱れます。

※植物名および番号を赤色で囲んでいるものは一年草、そのほかは宿根草です。

手間がかからない

3 宿根草中心の花壇

宿根草は、数年間同じ場所で葉を大きくしたり花を咲かせたりします。庭づくりにはとても重宝する植物。

花期をずらして観賞期間を長くする

花壇にどのくらい手間をかけられるかによって宿根草の割合を決めるとよいでしょう。宿根草の多くは花期が短いため、花期が異なるものや、葉に見応えのあるものを組み合わせて観賞期間が長くなるようにします。

主な植物

1 宿根バーベナ 2 アガパンサス 3 アリウム 4 ガウラ 5 カラミンサ 6 テンモントウ 7 プリムラ 8 テイカカズラ 9 ロータス 10 ユーフォルビア 11 ラークスパー 12 リューコフィラム 13 キンシバイ

宿根草中心の花壇の 植え方のポイント

4月下旬の花壇では、まだ株の小さな宿根草の間を明るい春の花が彩ります。ムラサキハナナはこぼれ種で毎年花を咲かせています。

1 花壇の環境を知っておく

宿根草は多種多様です。日当たりや乾燥具合、風通しなど、まずはその花壇の環境を理解しておきましょう。

2 開花期を把握して植える

宿根草の花期の多くは初夏や秋です。それぞれの宿根草の花期を把握し、偏らないように植えましょう。

3 葉の形、草姿、質感の異なるものを

宿根草は花よりもむしろ葉の形や質感、全体の草姿に特徴があるものが多く、それらを生かした組み合わせを考えるとよいでしょう。

4 一年草や球根植物と組み合わせる

宿根草の花が少なかったり、地上部がさびしくなっている間は、一年草や球根植物と組み合わせて使いましょう。

立派な花穂を伸ばしたアカンサス モリスと黄花をたくさんつけたキンシバイは、花壇で大きな存在感を与えています。

Q 植物はどう選ぶ？

A（井上さん）

宿根草は生育環境を選ぶことが多いもの。バラエティ豊かな分、一年草には少ない日陰や半日陰を好むものも多く見られます。環境に合った適切な植物を植えれば、手間をかけずに長期間、豊かなスペースを持続することができます。

Q 色合わせはどうしたらいい？

A（井上さん）

宿根草の花は白や地味な色が多いというイメージがありますが、ビビッドな色、パステル調の美しい色など、豊富です。そして花と同じくらい、葉色も明るいものから暗いものまで様々。トーンを揃えたり、アクセントに使ったり、花色を選ぶように楽しみましょう。

バラの美しい庭

バラを庭に取り入れてみたいと思っている人は多いはず。狭くても、手入れが不安でも楽しめるアイデアはたくさんあります。バラを育てる際の疑問についてBROCANTEの松田行弘さんに教えてもらいました。

高橋邸

細い通路なら、バラの枝をアーチのように誘引することも可能。アーチを設置するスペースも省けます。

四季を通じて咲く品種も

バラはわずかなスペースに植えて、大きく広げることができ、小さな庭で使いやすい植物の一つです。最近は初夏だけでなく、四季を通じて咲き続ける品種も多くなりました。つるバラなら、家の壁面、フェンス、入り口に置いたアーチ、パーゴラやカーポートなどに這わせることができます。直立して育つ「木立性」のものなら、鉢植えや花壇の隅に植えて庭のポイント的に使うこともできます。

Q　最低限すべき手入れは？

A（松田さん）　バラは手間がかかるというイメージがありますが、実はとても丈夫で、仮に害虫に葉を全部食べられてしまっても、翌年はまた花をつけます。ですからあまり神経質にならず、重苦しくなったら思い切って剪定すればよいでしょう。伸ばす範囲を決め、充実した枝を残して古い枝や弱い枝を落としていきましょう。

誘引の定番

1 アーチ・オベリスク

更岡邸　K 邸

Q どのくらいのスペースがあれば地植えOK ？

A（松田さん）直径 30cm くらいのスペースがあれば十分。それが難しければ 15 ～ 20cm くらいのスペースでも、バラの苗を植えつけ、大きく育てていくことはできます。地植えする場所がなければ直径、高さとも 30cm くらいの鉢に植えたものでも大丈夫です。

Q アーチで複数のバラを育てられる？

A（松田さん）複数のバラを育てるなら、伸張力の大きいつるバラよりも半つる性のシュラブ系の品種を選ぶとよいでしょう。下から見上げるので、枝垂れて咲く花がおすすめ。茎が混じり合わないところで切り詰めておけば、手入れも楽です。

アーチ

バラを演出するための代表的なアイテムです。花つきがよく、枝が細くてしなやかな誘引しやすい品種を選ぶとよいでしょう。

オベリスク

狭い場所でも手軽につるバラを誘引することができるアイテム。オベリスクの外側に植えつけ、枝をらせん状に誘引していきます。

絵を描くように

2 壁面を工夫して使う

1 家の壁ギリギリのところに植えたバラが窓辺を彩っています。複数のバラとクレマチスで華やいだ光景に。

2 エントランス横の壁を使い、上へ伸ばしました。枝が垂直に伸びやすい大輪系のバラが、壁面によく映えます。

3 フェンスの面を区切ったことで、それぞれの面で複数のバラを育てやすいスペースとなりました。

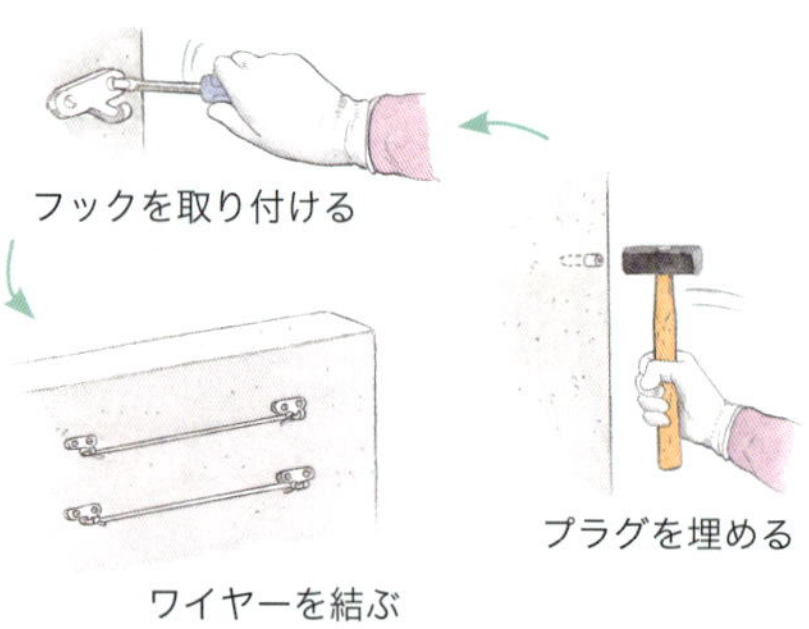

ワイヤーを張って誘引する

バラを壁に這わせるときは、誘引がポイント。可能なら広げたい範囲に、横に何本かのワイヤーを張ります。ドリルで壁に穴を開けてコンクリートプラグを埋め、フックをつけてワイヤーを結びます。穴を開けられないときはクライミングネットを。

小さいスペースで植えられる！

3 鉢から大きく伸ばす

1 コンテナに植えれば根張りが制限されるために大きく生長しすぎず、手入れも楽です。

2 風通しが気になるところでは、レンガなどを積み上げて高い位置に鉢を置くとよいでしょう。

3 エントランスを飾るバラ。植えているのは門の左右に置いた鉢。たったこれだけのスペースから大きく広がりました。

Q 鉢やコンテナ栽培で気をつけることは？

A（松田さん）小さい鉢だと2～3年で根詰まりし、花が小さくなったり病気にかかりやすくなったりします。大きめの鉢で育てるか、2年に1回は休眠期に剪定とともに根を切り、新しい土に植え替えるとよいでしょう。

Q 広がりすぎたら？

A（松田さん）モッコウバラなどが広がりすぎてしまい手に負えなくなったときは、思い切って株元から切ります。切り口には癒合剤をつけておきましょう。すぐに枝は伸びて、2年後からは花芽もついてきます。

鉢を置く環境に合った品種を

鉢やコンテナに植える場合は、暑さや乾燥に強く、花つきのよい品種がおすすめです。置く場所によっては日陰でも育つものを選びましょう。植え込み時や花のあとは、肥料を与えることで花つきがよくなります。

実を楽しめる庭

小さな庭でも果樹を植えて、花も実も収穫も楽しむことができます。花や実をつけた様を眺めるのを楽しんだあとは、待ちに待った収穫です。

小屋の白い壁に葉の緑と実の赤がとても美しく、絵に描いた光景のよう。

神村邸

大きくしすぎずに花も実も楽しむ

従来、庭に植えていた果樹は収穫が主な目的でした。最近では実や花も庭の光景の一部と考えて、ほかの樹木や草花と融合した庭づくりが主流となっています。そのため、花を楽しみ、実の収穫がしやすいように、大きくしすぎないよう剪定をして育てるとよいでしょう。ブドウ、ブラックベリー、ラズベリー、キウイフルーツなどつる性の果樹をフェンスやパーゴラに絡ませれば、少ないスペースでも果樹を楽しむことができます。

Q 植えて何年めから食べられるようになる？

A（松田さん） 苗木から育てるとカキやモモ、プルーンなどの大きくなる種類は、収穫まで最低でも２～３年はかかります。ブルーベリーやジューンベリーに代表されるベリー類や柑橘類は、植えた年から実るものも多く、手軽に取り入れられるのでおすすめです。

塀や構造物など

1 つる性果樹

ブラックベリー

ブドウ

1 ベリー類のなかでも旺盛に生長するのがブラックベリー。今はまだ赤い果実も、これからつややかに黒く熟していきます。

2 柱を上っていくブドウ。軒下にはすでにワイヤーを張り、生長を待ち受けています。

3 ブドウ栽培も4年め。摘果や袋かけなどの作業も、家族みんなで楽しんでいます。それだけに大きなブドウに育ったときの感激もひとしお。

Q 実をならせるためには肥料が必要？

A（松田さん）早く実をつけてほしいと、多くの肥料を施したくなるところですが、若木のうちに肥料を与えすぎると枝葉ばかりが伸びてしまい、なかなか実がたくさんつくようになりません。実が多くつくようになるまでは少なめに、多くつきはじめたら少しずつ量を増やしていきます。また、窒素が多いと葉が茂りすぎるため、リン酸、カリを多めに与えましょう。

Q 最低限必要な剪定は？

A（松田さん）果樹は種類によって剪定方法が異なるので、一概には言えませんが、家庭で楽しむ程度なら、「伸びすぎてきたら切る」と考えて大丈夫です。枯れ枝や込み合ったところをカットし、風通しをよくしてあげるとよいでしょう。たくさん実らせたいなら、適期に品種に合わせた剪定が必要になります。

移動もラク！

2 鉢植え

神村邸

2

更岡邸

1

更岡邸

Fig

イチジク

待つ楽しみもありますが、イチジクのように短期間で食べられるものもあるとうれしいもの。実がつき始めると甘い香りが漂います。

Strawberry

ストロベリー

1 ストロベリーポットには名前のとおり、ポケット部分にイチゴを。上部はオリーブと草花の寄せ植えに。

2 イチゴの赤は、緑の庭の中でアクセントになります。

Q 鉢植えで気をつけることは？

A（松田さん） 多くの果樹は幼苗のうちから鉢で育てると、細根が多くなり、コンパクトに育つ性質になるため、鉢でも十分楽しめます。ただし、地上部の大きさや収穫を維持するために2～3年に1回は古い根を切り、植え替えてあげましょう。また、鉢植えは肥料が切れやすいため、春～秋に少量ずつ数回施します。

コンパクトに育てられ結実も早い

大きくしすぎずに育てることができ、結実も早い鉢植えは、小さな庭にはぴったりです。持ち運びも簡単なので、日当たりなど環境に応じて移動させることもできます。なかなか実がつかないからと鉢を大きくしていくと、根と枝ばかりが伸び、さらに実つきが遅れます。つる性のブドウも鉢植えが可能です。その場合は背後にトレリスを置いて誘引します。

花・実・姿を楽しむ

3 庭木として

🏠 神村邸

ブルーベリー

白い塀や小屋の壁を背景に、青紫の実が美しく映えています。ベリー類にはカメムシが寄ってくるので、見つけたら捕殺します。

ジューンベリー

1 春に白い花をつけ、初夏には赤い実が実ります。

2 育てやすく、小さな庭のシンボルツリーには最適です。

Q 結実のために2品種あったほうがよい果樹は？

A（松田さん）ブルーベリーやブラックベリー、ブドウ、キンカン、レモン、イチジク等はひと株でも実をつけます。スモモ、サクランボ、プルーンは、異品種と受粉しないと実がならないため、2品種を近くに植える必要があります。また、キウイは雌雄の株が異なるので、雄と雌をひと株ずつ必要です。

株が大きくなったら枝を整理する

低木になる実は収穫も楽で、子どもと一緒に楽しむことができます。剪定や整枝をあまり気にしなくても実がなりますが、6～7年くらいたつと株も大きくなり、古い枝も多くなるので、整理しておきましょう。風通しのよいところを好むので、植える場所は込み合っていないところに。

緑あふれる庭

緑をたくさん増やしたいと、やみくもに植えてもまとまりのない空間に。緑をつなぐ拠り所となるものを探してみましょう。

井澤邸

高木、中木、低木をうまく組み合わせて、高低差のある空間に。アマリリスの花がアクセントになっています。

常緑樹、落葉樹をバランスよく

木々が風に揺れる、木漏れ日の元でくつろぎたい……。小さな庭でもそんな夢はかなえられます。目隠しにと常緑樹ばかり選んでしまうと暗くなり、四季を楽しみたいと落葉樹ばかり選ぶと、冬にさびしい庭となってしまいます。最近ではさわやかな印象の常緑樹も増えてきたので、バランスよく植えましょう。樹木の生長は意外に早いので数年後、10年後を予測して配置することが大切です。

Q　植物の生長をどう考慮する？

A（松田さん）　植える植物の生長のスピードはどうか、枝葉を横に広げて大きくなるか、コンパクトに上に向かって大きくなるか、あるいは這って大きくなるか。ある程度の生長のしかたは植物図鑑などで事前に予想することは可能です。しかし、自然の中でのことですから、日当たりの具合や土の性質、隣り合う植物との関係などで、思わぬ生長のしかたをすることもあるので観察が欠かせません。

1 小道に沿って緑をつなぐ

敷石のアクセント

ランダムかつリズミカルに敷かれた石が、道を歩くときのワクワク感をもたらしています。少しずつ広がっていくグラウンドカバーも魅力。

西村邸

雑木林の小道のように

小道の両脇には、枝葉が頭上でアーチになるように樹木を植えています。明るい小道を保つなら、茂りすぎないように剪定をしていくとよいでしょう。

熊澤邸

Q 小道にアクセントをつけるには？

A（松田さん）小道を曲線にすることでより奥行きを感じるようにしたり、直線の小道でも高い樹木を両側に互い違いにレイアウトして視覚的により長く感じられるようにしたりする方法もあります。また、小道の先に鉢やオブジェを置いてフォーカルポイントをつくったり、逆に先が見えないような配置にすることで、誘われる感覚を生み出したりすることもできます。

Q 小道の資材はどんなものがいい？

A（松田さん）資材で小道の雰囲気も変わります。ピンコロ石（小さな立方体の石）ならヨーロッパの片田舎を思わせる空気感を出してくれます。平板なら整然とした美しさを感じさせ、枕木ならなつかしさを呼び起こしてくれるでしょう。小道に感じる物語が資材によって肉付けされるのです。

2 樹木に沿って緑をつなぐ

神村邸 2

1 大山邸

シンボルツリーを決める

1　この庭のシンボルツリーは奥の高木のシマトネリコ。主役をサポートしているのが左の黄緑色の葉がやわらかな雰囲気のアオハダです。

2　高さわずか10cmのレイズドベッドでも伸び伸びと生長している株立ちのジューンベリーがシンボルツリー。白い花と赤い実も楽しみの一つです。

樹木を核に順番に植物を入れていく

見栄えのよい庭にするには、植物の選び方がポイントになります。樹木を使う場合なら、まず主役となるシンボルツリーを決め、それとその他の植物をつなぐ働きをするミドルツリーを選んだら、樹木の足元に入る低木や植物、グラウンドカバーを決めます。仕上げに上下の空間をつなぐ縦方向に伸びる植物を加えて、引き締めます。

COLUMN

敷地の隅にも緑を

H邸

もともと設置されていたブロック塀をウッドフェンスにすることで、閉鎖的だった空間が明るくなり、緑を広々と効果的に配置できました。

F邸

縦1.1m、横2mのごく小さなスペース。小さな場所でもメイン・ミドルツリーに低木、下草と基本の構成要素が詰まっています。数年後が楽しみ。

05

CHAPTER

参考にしたい!

四季の変化を楽しめる小さな庭づくり

庭をつくったからには、四季を存分に味わいたいもの。小さな鉢やコンテナ、庭の片隅につくった花壇でも四季を感じることができる植栽テクニックを、ガーデナーの井上華子さんに教えてもらいました。

グリーン コテージ ガーデンの
井上華子さんに聞く

小さなスペースで
四季を表現するテクニック

小さな庭でも四季を存分に感じたいもの。ガーデナーの井上華子さんに、小さな鉢や花壇でも四季を楽しめる植え方のテクニックを教えてもらいました。

STEP
1

鉢やコンテナで
四季の変化を楽しむ

01　小さな鉢
02　テラスに置いたコンテナ
03　玄関前を飾るコンテナ
04　窓下・壁・フェンスを飾る

まずは、鉢やコンテナに植えた植物の一年を見てみましょう。たった一つの鉢の中でも季節の移り変わりを見てとることができます。その時期の主役が何になり、どんな姿を見せるかに注目してみてください。

STEP
2

小さな花壇で
四季の草花を楽しむ

01　玄関脇の小さな花壇
02　塀の下を花畑に

次に小さな花壇での四季の移り変わりを見てみましょう。宿根草をベースに考え、それぞれがいつ大きくなるか、どんなふうに花を咲かせるかをイメージしたうえで植物を選んでいます。葉が広がるものや匍匐して伸びる植物を使って、花壇の縁をゆるやかに覆うと自然な雰囲気になります。

この章の使い方

複数の植物を使い、一年を通して花や葉を楽しむためには、花や葉の美しい時期、植え替えが必要な時期を適切に把握しておくことが大切です。庭全体に気配りできるようになれば、常に美しい庭を保つことができます。まずは小さな世界で四季を味わうことから始め、少しずつ大きな世界へと目を向ける練習をしてみましょう。鉢や花壇などに植えた主な植物の栽培カレンダー（関東近辺を基準にしています）も参考にしてください。

STEP 3

フォーカルポイントをつくって四季の草花を植える

01 スタンド鉢を中心に

02 メインの花を囲む

小さな庭でも「見せ場」（フォーカルポイント）が必要です。「見せ場」をどうつくろうか悩んでいるときは、スタンド鉢や大きめの株の植物を中心に、そのまわりの草花を整える方法が手軽で効果的です。

STEP 4

種のとり方・球根の植え方・手入れ

01 種とり・種まき

02 鉢上げ・苗植え

03 球根を植える

04 お世話いろいろ

小さな庭の中で花を絶やさないためには、適切な時期に植えつけて世話をすることが大切です。草花を育て続けたいのであれば、そのつど苗を購入しているとコストがかかります。自分で種をとって苗を育ててみるのも楽しいものです。

STEP 1

鉢やコンテナで四季の変化を楽しむ

01 小さな鉢

四季を体感するための最初のステップは、鉢やコンテナでの寄せ植えづくりです。少ない花数から基本をつかんでいきましょう。

この鉢の主役はマーガレットとカリブラコア。これらの花が盛りになる時期を基本に、さびしくなる時期にはコリウスなどの一年草が彩りを添えるようにしています。一年草は年によって変えてもいいでしょう。

栽培カレンダー

植物名	種別	1	2	3	4	5	6	7	8	9	10	11	12
マーガレット	宿根草												
ラークスパー	一年草												
カリブラコア	宿根草												
ロベリア	一年草												
コリウス	一年草												

植えつけ時期　花期・コリウスは葉の観賞期

02 テラスに置いたコンテナ

鉢よりはやや大きい四角いコンテナを見てみましょう。テラスに置いているものです。

ウイスキーの樽を半分にカットしてつくられているコンテナ。
春はビオラ、秋はマリーゴールドがきれいに咲きます。

ゲラニウムの花が満開の様子

鉢の周囲はゲラニウムが植えられ、いつも葉に覆われています。６月になると一斉に花が咲き、それは見事。

栽培カレンダー

植物名	種別	1	2	3	4	5	6	7	8	9	10	11	12
ゲラニウム	宿根草				植えつけ時期	植えつけ時期・花期	花期	花期		植えつけ時期・花期	植えつけ時期・花期		
ベロニカ	宿根草					花期	花期	植えつけ時期・花期	植えつけ時期・花期	植えつけ時期			
ビオラ	一年草	植えつけ時期・花期	植えつけ時期・花期	植えつけ時期・花期	花期	花期	花期				植えつけ時期	植えつけ時期・花期	植えつけ時期・花期
マリーゴールド	一年草				植えつけ時期	植えつけ時期・花期	植えつけ時期・花期	花期	花期	花期	花期	花期	
サルビア	一年草					植えつけ時期	植えつけ時期・花期	花期	花期	花期	花期	花期	

植えつけ時期　花期

03 玄関前を飾るコンテナ

お客様や家族を迎えるコンテナはちょっと手をかけて見応えのあるものを。季節の変化を見ていきましょう。

5月 ビオラの間から伸びたチューリップの花が咲きました。チューリップの球根は秋に植えつけておくと、ビオラの花が咲き始めたころから急速に茎を伸ばします。

6月 ビオラはまだ花をたくさんつけています。チューリップが終わり、鉢の中はさびしくなりましたが、背後のアンテリカスが花を咲かせはじめ、全体を見るとまとまった光景に。

7月 アンゲロニアとバラが咲き始めました。バラは、手入れが楽で花つきのよい「修景バラ」であるホワイト・メイディランド。ビオラは終わり、ペチュニアに植え替えました。

栽培カレンダー

植物名	種別	1	2	3	4	5	6	7	8	9	10	11	12
チューリップ	球根植物												
ビオラ	一年草												
バラ	落葉低木			(大苗)							(大苗)		
アンゲロニア	多年草												
ペチュニア	一年草												

植えつけ時期　花期

04 窓下・壁・フェンスを飾る

窓下や壁、フェンスを彩る方法もいろいろ。コンテナは中に入れたプランターごと入れ替えが可。

［ 窓下 ］

4月

6月

8月

窓下に設けたコンテナカバーは手づくり。この中に市販のプランターで育てた花を、季節ごとに入れ替えています。写真は、4月がビオラ、6月がマルバストラム、8月がカリブラコア（手前）とカラミンサ（奥）のコンテナです。

［ 壁 ］

1　庭の植物を使ってリースに。
2　紫と白のビオラをハンギングバスケットにして窓下に。
3　ラティスを設置してハニーサックルを這わせています。

［ フェンス ］

季節の花をハンギングバスケットに。フェンスの外側から伸びてきたクレマチスとも競演。

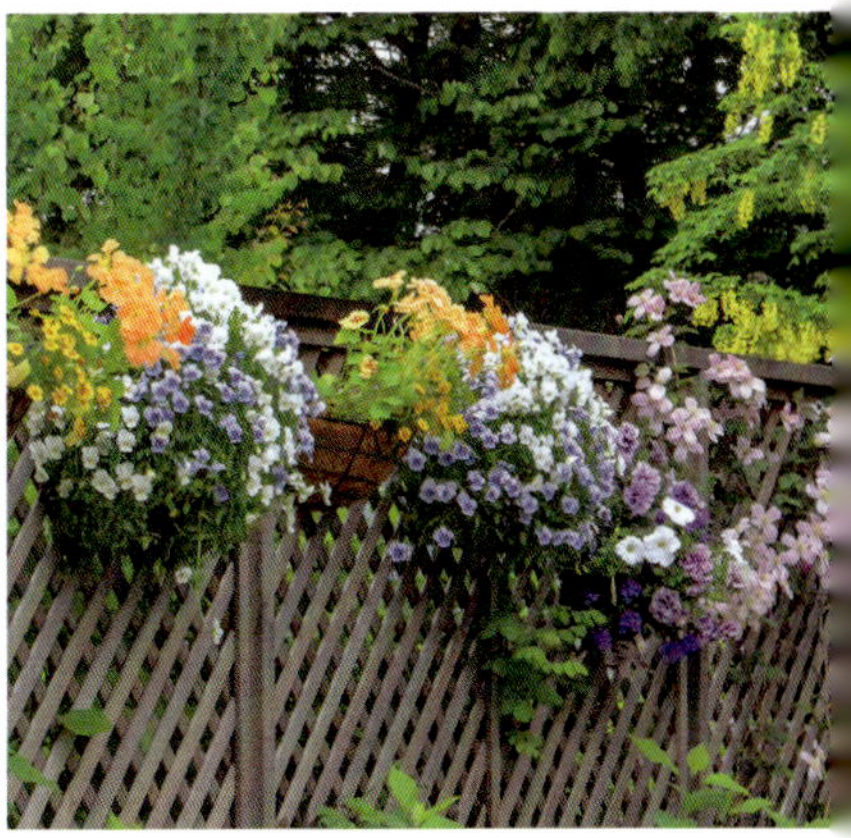

小さな花壇で四季の草花を楽しむ

01 玄関脇の小さな花壇

四季の鉢づくりをマスターできたら、いよいよ花壇づくり。まずは玄関脇など小さなスペースで始めてみましょう。

玄関右脇

色とりどりのビオラが花壇を彩ります。宿根草はまだ小さな芽。大きく伸びる力を限界まで蓄えています。

宿根草のミカエルマスデージーが草丈を伸ばしてきました。パステルカラーの可憐な小花たちが風に揺れています。

雨が当たらないか植える前に確認を

玄関脇のスペースは来客が真っ先に目をやるところです。気分よく玄関に入ってもらえるような花を飾りたいもの。地植えばかりでは平坦になるため、オベリスクなどを置いて、つる性植物を這わせるなど、立体的な演出もしてみましょう。軒下は、屋根の庇の長さによっては雨が落ちやすいこともあるので、植える前に観察しておきましょう。雨が当たるなら常緑のグラウンドカバーでも。

玄関左脇

ビオラの間に植えた宿根草のプルモナリアが花壇に広がっています。まだ全体的に草丈が低い状態です。

花は一段落し、様々な草花の葉がぐんぐん大きくなってきました。その中でクジャクアスターが急速に草丈を伸ばし、花壇に変化をつけています。

クジャクアスターが白い花をつけ、花壇の正面が清楚ながらボリューミーで見応えのあるものとなりました。

小さな花壇の移り変わり

玄関脇につくれそうな小さめの花壇で、季節の移り変わりを見てみましょう。
同じ場所でも季節によって日の当たり方が異なることも考慮しましょう。

ビオラ、プルモナリアが花を咲かせていますが、草丈はまだ低く、葉もあまり出ていません。春の目覚めの光景。

涼しげな小花が緑の中にたくさんちりばめられています。草丈に高低差ができてきました。

多彩な形、大きさの葉が一つの空間の中で調和しています。草丈が伸びたものは切り戻しをします。

花壇の縁に植えたコリウスの赤色は少量でもアクセントに。草丈を伸ばしたミカエルマスデージーが咲き続けます。

栽培カレンダー

植物名	種別	1	2	3	4	5	6	7	8	9	10	11	12
ビオラ	一年草												
プルモナリア	宿根草												
ワスレナグサ	一年草												
ブラキカム	宿根草												
クジャクアスター	宿根草												

植えつけ時期　花期

植物名	種別	1	2	3	4	5	6	7	8	9	10	11	12
バーベナ	一年草												
ゲラニウム	宿根草												
ミカエルマスデージー	宿根草												
ジニア	一年草												
コリウス	一年草												

植えつけ時期　花期・コリウスは葉の観賞期

02 塀の下を花畑に

塀は花壇のよい背景に。手前に草丈の低いもの、奥に草丈の高いものを植えます。宿根草をベースに一年草で華やかさを加えて。

春 手前の低いビオラのうしろから、チューリップがすーっと伸びて、色とりどりの花をつけます。

初夏 冷涼な土地ならまだビオラが咲き続けています。そのうしろでは宿根草が茎を伸ばしています。

夏 夏らしい色の花が咲き始めてきましたが、淡い色みの花の割合が多いので、これまでのシーズンのイメージを大きく変えることはありません。

秋 左右ともブルーのユーパトリウムが花盛り。切り戻した草花もこのころには再び大きくなってきます。

右側の塀 栽培カレンダー

植物名	種別	1	2	3	4	5	6	7	8	9	10	11	12
チューリップ	球根植物			花	花	花					植	植	
プルモナリア	宿根草			植・花	植・花	花	花				植	植	
ビオラ	一年草	植・花	植・花	植・花	花	花	花				植	植・花	植・花
サルビア	一年草				植・花	植・花	植・花	花	花	花	花	花	花
シュウメイギク	宿根草			植	植	植			花	植・花	植・花	花	
ユーパトリウム	宿根草			植	植	植			花	花	植・花	植	

植：植えつけ時期　花：花期

左側の塀 栽培カレンダー

植物名	種別	1	2	3	4	5	6	7	8	9	10	11	12
チューリップ	球根植物			花	花	花					植	植	
ビオラ	一年草	植・花	植・花	植・花	花	花	花				植	植・花	植・花
アリウム シクラム	球根植物				花	花	花	花		植	植	植	
ミズヒキ	宿根草			植	植				花	花	花		
ユーパトリウム	宿根草			植	植	植			花	花	植・花	植	
コギク	宿根草					植	植・花	植・花	花	花			

植：植えつけ時期　花：花期

左側の塀

春 花壇のチューリップは白一色に。

初夏 全体に草丈が伸び、緑豊かになりました。

夏 ミズヒキの花の赤い色が秋の気配を感じさせます。

秋 塀に這わせたクレマチスの種も風景をつくっています。

右側の塀

春 花びらの尖ったチューリップで動きを出しました。

初夏 互い違いに植えたビオラが混じり合ってこんもりと。

夏 サルビアの直線的な草姿に視線が向かうよう演出。

秋 夏から秋にかけての花が咲き揃いました。

STEP 3

フォーカルポイントをつくって、四季の草花を植える

01 スタンド鉢を中心に

小さなスペースを見せ場にする手軽で素敵な方法が、スタンド鉢を置いて、そのまわりを植物で囲むことです。

春 マーガレット、ビオラ、ブラキカムが花の盛り。スタンド鉢の中と外で同じ花を使い、一体感を出しています。

初夏 ビオラ、ブラキカムが咲き続けるなか、ファセリアが花をつけ始めました。ユーフォルビアなど葉を楽しめるものも生長を始めています。

おもに夏〜秋に見ごろを迎える植物

栽培カレンダー

植物名	種別	1	2	3	4	5	6	7	8	9	10	11	12
ゲラニウム	宿根草				植えつけ時期	植えつけ時期・花期	花期	花期		植えつけ時期・花期	植えつけ時期・花期		
バーベナ	一年草			植えつけ時期	植えつけ時期	花期	花期	花期	花期	植えつけ時期・花期	花期		
サルビア	一年草				植えつけ時期・花期	植えつけ時期・花期	植えつけ時期・花期	花期	花期	花期	花期	花期	花期
アークトチス	宿根草				植えつけ時期	植えつけ時期・花期	花期	花期		植えつけ時期	植えつけ時期		
マリーゴールド	一年草				植えつけ時期	植えつけ時期・花期	植えつけ時期・花期	花期	花期	花期	花期	花期	

植えつけ時期 花期

おもに春〜初夏に見ごろを迎える植物

栽培カレンダー

植物名	種別	1	2	3	4	5	6	7	8	9	10	11	12
ビオラ	一年草	植えつけ時期・花期	植えつけ時期・花期	植えつけ時期・花期	花期	花期	花期				植えつけ時期	植えつけ時期・花期	植えつけ時期・花期
ファセリア	一年草			植えつけ時期	植えつけ時期	花期	花期						
ブラキカム	宿根草				植えつけ時期・花期	植えつけ時期・花期	花期	花期	花期	花期	花期	花期	
マーガレット	宿根草	花期	花期	植えつけ時期・花期	植えつけ時期・花期	植えつけ時期・花期	植えつけ時期・花期				花期	花期	花期
ユーフォルビア	多年草			植えつけ時期・花期	植えつけ時期・花期	植えつけ時期・花期	花期						

植えつけ時期 花期

夏

夏の花、バーベナやゲラニウムが主役に躍り出てきました。鉢下のアークトチスも穂先を伸ばし、鉢を囲んできました。

秋

夏には草丈がまだ低かったサルビア、ゲラニウムなどが伸びてきました。上の写真は前年の秋の様子。マリーゴールドで一面オレンジの世界に。異なる一年草を植えると、年ごとの変化が楽しめます。

02 メインの花を囲む

草姿の変化を一年中楽しめるものなら、それを主役にスペースをつくってみても。ここでの主役はアナベルです。

春 アナベルは冬越しの姿のまま。ドライフラワーとなった前年の花と枯れ枝がオブジェのよう。足元にはブラキカムを植えています。

初夏 アナベルとその周囲も緑が濃くなってきました。足元ではゲラニウムが小花をつけ始めています。

夏 アナベルの花がぎっしり咲き、迫力を感じさせます。足元ではジニアが咲き始め、アナベルの白とのコントラストを見せています。

秋 花の盛りを過ぎると、花は黄緑になり、その後、アンティーク調に色を変化させます。枯れ姿を楽しむ場合の剪定は春、芽が動く前に。

栽培カレンダー

植物名	種別	1	2	3	4	5	6	7	8	9	10	11	12
アナベル	落葉低木	植	植	植	植	花	花	花				植	植
ゲラニウム	宿根草				植	植・花	花	花		植・花	植・花		
ブラキカム	多年草			植・花	花	花	花	花	花	花	花	花	
ジニア	一年草				植	植・花	植・花	花	花	花	花	花	

植：植えつけ時期　花：花期

STEP 4

種のとり方・球根の植え方・手入れ

花が絶えない庭にするためには、目の前の花を楽しみながらも、次に咲く花のために準備をしていきます。庭仕事に慣れてきたら、ぜひ種とりにも挑戦してみましょう。自家採種を繰り返すことで土地にあった性質になっていきます。

四季折々、花を楽しめる庭に

1　一年草でもこぼれ種で翌年もたくさんの芽を出します。

2　球根を植えるときは、どこにどんなふうに育つかをイメージして。

3　夏のサプライズは、ユリの花。開花すると一気に華やかになります。

4　切り戻しをすれば何度も花を楽しむことができます。

小さな庭だから 植物と向き合いやすい

一年を通して、一つの鉢や花壇づくりをしていくと、季節の変化とともに植物がどう変化していくかを体感することができるでしょう。花をつけ、花が終わると種ができて、土に落ち、またそこから花が育っていく、こうした繰り返しの中にそっと加わってみると、さらに自然の営みに近づくことができそうです。また、鉢や花壇と向き合い続けることで、植物がそのとき、何を欲しているかも伝わってくるようになるでしょう。それが植物の世話、手入れなのです。小さい庭だからこそ、植物の世界ともじっくり向き合いやすいのかもしれません。

01 種とり・種まき

一年草は自分で種をとってみましょう。秋に採種したら、春の種まきの時期まで封筒に入れ、冷蔵庫で保管します。

アノダの種とり

1

2

3

花が終わっても花がら摘みをせず、秋までそのままにしておき、種が熟したら枯れた茎ごと切って指先でつぶします。

サルビアの種とり

1

2

3

枯れた枝ごと切り、小さな種が飛び散らないよう、紙の袋の中でつぶして種をとります。

アノダ

サルビア

ヤマユリ

ケイトウ ホルン

種まき

秋に採種したものは、翌年の春に苗床にまきます。

1

保管する封筒には採種日と品種を忘れずに明記。それをもとに種まきをします。

2

種まき用の培養土を種まき用トレイに入れ、ひとつまみの種をあけた紙ごとバラバラと土の上にまきます。

3

種の上から、土を指先で軽くつまんでかけます。

4

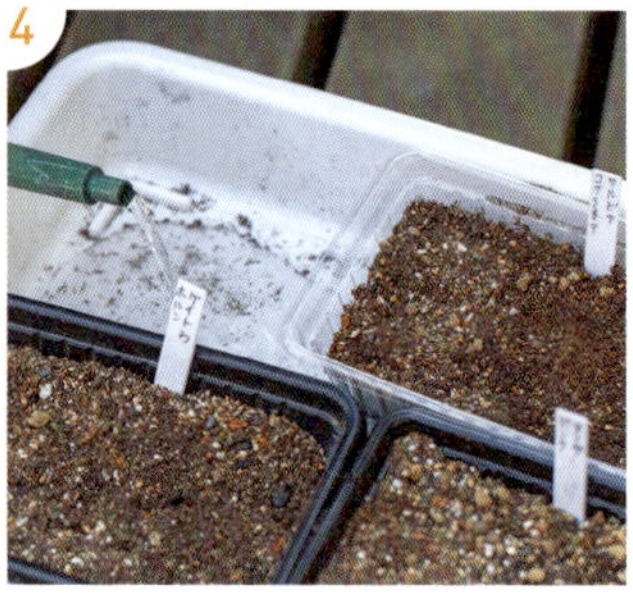

トレイを育苗ケースに並べ、ケースの底に水を入れます。

02 鉢上げ・苗植え

育苗ケースでは水を切らさないようにし、鉢上げをして、さらに育ったら苗を花壇や庭に植えます。

鉢上げ（鉢増し）

双葉のあとに本葉が出始めたら鉢上げの時期。元気に育っている苗を１本ずつ鉢上げします。

1

品種や温度にもよりますが、種まきから数日で双葉が出て、１週間から10日で本葉が出始めます。

2

ピンセットで元気な苗を1本ずつ取り出します。

3

培養土を入れたポットにそっと入れ、ピンセットの先で軽く土をかぶせます。

4

同様にして苗を1本ずつポットに移します。終わったら水をたっぷりかけましょう。

苗植え

園芸店で売られているくらいの大きさまで育ったら、苗を植えつけます。花壇や庭のどの部分に植えたらよいかをあらかじめ計画しておき、その場所に植えるようにしましょう。

1

植えつける場所に、ポットよりひとまわり大きな穴をあけます。

2

ポットから土ごと静かに苗をはずします。

3

ポットからはずした苗を1の植え穴に入れます。

4

左右から土を寄せ、株元を軽く押さえて根と土をなじませます。植えつけたらたっぷりと水やりを。

03 球根を植える

秋に球根を植えておくと、翌春、暖かくなってから急に大きくなって花をつけ、花壇や庭を華やかにします。適期に植えつけましょう。

球根いろいろ

ユリ

植えつけは10～11月に行います。

アリウム

植えつけは9～11月に行います。寒いところでは10月までには終わらせましょう。

チューリップ

10～11月中旬に植えつけをします。日当たりのよい場所に植えましょう。

スノードロップ

球根が小さく、小球根と呼ばれます。植えつけは9～10月に行います。

ユリの球根を植える

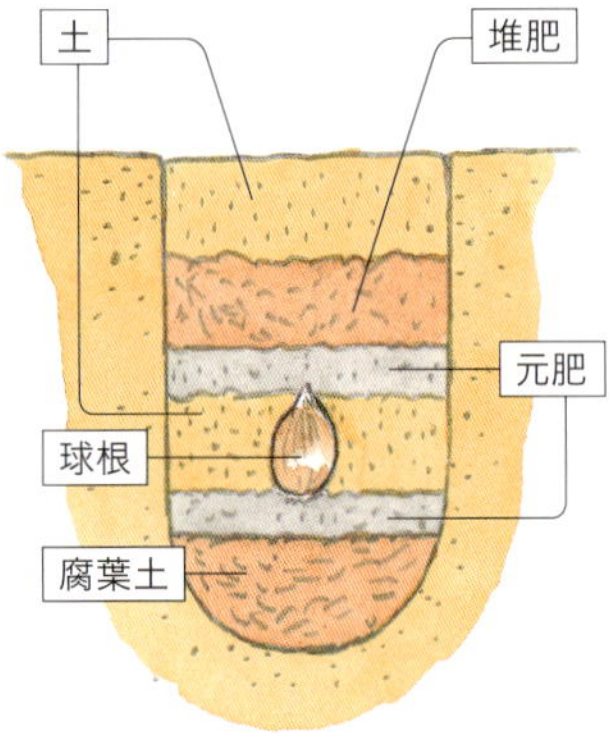

1 植えつける場所で球根4個分の深さまで穴を掘ります。

2 土に力をつけるための腐葉土とひとつかみ分の元肥を用意。

3 2を植え穴に入れ、肥料と球根が直接触れないように移植ゴテでかき混ぜ、よくなじませます。

4 球根を3の植え穴に入れます。

5 4に掘ったときの土を少し入れ、元肥と堆肥を少量入れます。

6 球根2～3個分の深さになるよう、さらに土をかけます。

7 品種によって異なりますが、7～8月ごろに花を咲かせます。

アリウムの球根を植える

1

植えつける位置をあらかじめ決めておきます。

2

深さ10cmくらいになるよう、植え穴を掘って球根を入れ、土をかけます。

3

６月ごろにベル形の花をたくさん咲かせます。

チューリップの球根を植える

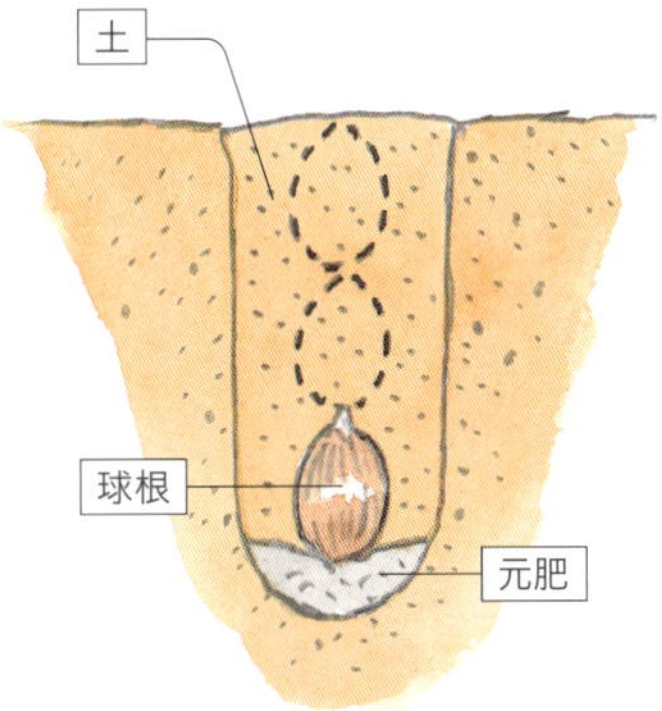

1

深さ20cmの植え穴を掘り、元肥を入れ土と混ぜ、球根を入れます。

2

球根2～３個分の深さになるよう、土をかけます。

3

３～５月に花を咲かせます。

スノードロップの球根を植える

1

植えつける位置をあらかじめ決めておきます。

2

浅めに植えつけるため、植え穴は軽く掘ります。

3

３～5cmくらいの間隔をあけて、球根を植えます。土は深さ2～3cmくらいになるよう、軽くかぶせます。

4

早春の2～３月ごろに花を咲かせます。数年たつと写真のように群生していきます。

04 お世話いろいろ

花を健康に育て、きれいに咲かせるには少し手をかけてあげたいもの。といっても時期を見逃さずに簡単なケアをすればよいのです。

切り戻し

株を充実させて花つきをよくしたいときや、伸びすぎて草姿が乱れたときは、枝や茎を切る「切り戻し」を行います。

ヘリオプシス

1

株元に新しい芽が見えていれば元気な証拠。切り戻しを行いましょう。

2

全体の3 分の1くらいの高さにハサミを入れ、葉のつけ根のやや上あたりを切ります。

3

慣れないうちは切ることに勇気がいりますが、旺盛に伸びるので心配いりません。

切り戻しをしたところから脇芽が伸び、花がたくさん咲きます。

花壇の片付け

多年草や宿根草の枯れた茎や葉は、冬になる前に取り除いておきます。

クジャクアスター

1

秋が深まり、茎や葉がすっかり枯れました。

2

枯れた茎を根元から15cmくらいのところで、小さな芽を傷つけないように注意しながら切ります。

3

根元には、翌春から大きく伸びていく小さな芽が顔を見せています。この状態で冬を越します。

翌年は、このように美しく花が咲きます。

冬越し

耐寒性のある宿根草でも寒さで葉が傷むことがあるため、寒冷地では寒さ対策をしておくとよいでしょう。

クリスマスローズ

1

株のまわりの古い葉をきれいに取り除いておきます。

2

ワラなどを束ねたものを、株の上からかぶせ支柱で固定します。

3

株を覆うことができました。雪よけにもなります。

本格的な冬が訪れる前に、寒さ対策を済ませておきましょう。

小さな庭のテクニックは広い庭にも

風にそよぐ草花と芝生の見事な競演

広い庭をつくるときも、ここまで見てきたような「小さな庭で四季を表現するテクニック」が使えます。花壇の手前側には丈が低めの草花、中央からうしろにかけては丈の高い草花を使って立体感をつくり上げます。

宿根草のほか、こぼれ種から育つ草花も自然な花畑をつくるのに重要な役割をしています。こぼれ種だけを使っていくと、花の色が薄れていく場合があるので、好きな色の花が咲いたときに種とりをしておき、植えつけるとよいでしょう。この庭では芝生に飛んだこぼれ種の草花もそのままにし、花壇と芝生に自然なつながりを持たせています。

グリーンフィンガー
花木さんの庭

庭は生きている

庭の一年は人の一生

庭づくりを仕事としている人たちからも「グリーンフィンガー」と呼ばれる花木さんは、植物が生長していくさまを人間の一生にたとえています。人の生涯と重ね合わせながら、花木さんの庭の一年の移り変わりを見てみましょう。

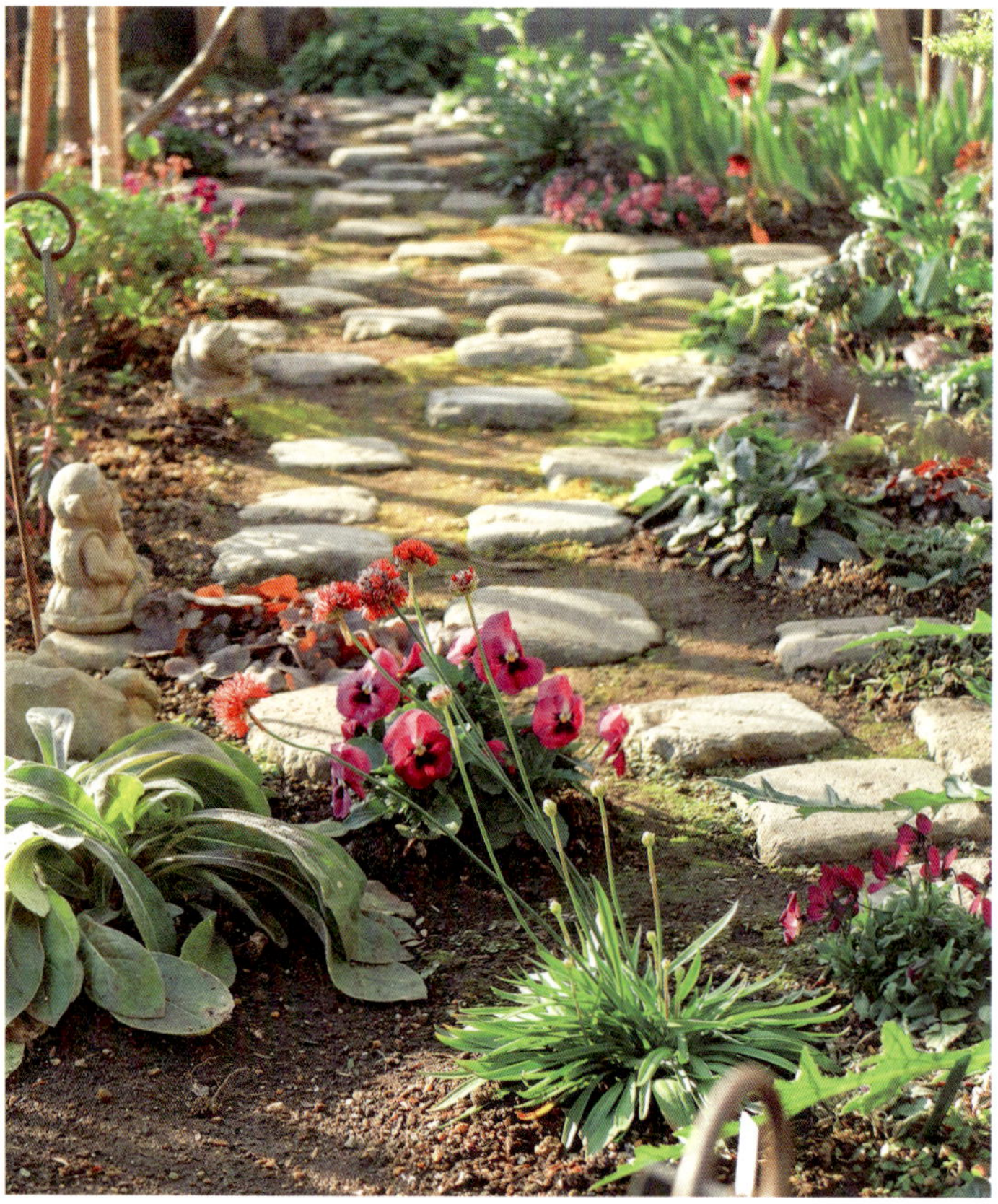

早春から初夏、美しく変身する庭

冬の間、地上の葉茎を枯らしていた宿根草がおそるおそる大きくなろうとしている早春。やがて草丈をどんどん伸ばし、春になると次から次へと毎日違う花が咲き続け、庭の中はムンムンとした熱気が充満してきます。初夏にさしかかるころには植物の猛烈な生長は落ち着きをみせ、庭の空気も澄んでくるでしょう。咲き方に激しさはないものの、様々な花は落ち着いた雰囲気の中でまだ咲き続けています。

毎年同じ営みを続け 静かに力尽きる植物

東京・等々力渓谷の樹林帯の中に長く暮らしていた花木秀夫さん。植物とともに生きることは当たり前でした。そんな花木さんが住宅地に居を移し、小さな庭づくりを始めて10年。毎日庭に出るうちに気づいたそうです。「庭の一年は人の一生に似ている」と。子どもが親を選べないように、園芸店で売られている苗は庭の主人を選べません。慈しんで育ててくれるのか、世話に飽きて放置されるのか。

買われていった苗は庭の主人のもと、生長を始めます。植えつけたころはとても小さかったのに、少しずつ株を大きくし、その生長のスピードを増し、たくさんの花を咲かせます。花が終わると一年草は種をつけて土に落とし、宿根草は翌年の準備を始めます。翌年、暦よりも正確に同じことを繰り返し、いつしか静かに株を傷め、力尽きていきます。その様子が人の日々の営みであり、生涯そのものであると。そう気づいてから、植物たちがよりいとおしくなったといいます。

2月の庭

幼児期の庭

植物たちはとても小さく、庭がどうなっているのか全体像も見える時期です。
どの植物たちにもまんべんなく太陽の光が降り注いでいます。

1 アジュガAの銅葉はロゼット状。
2 ヒューケラBも地面に張りついています。
3 ゲラニウムC、クロバナフウロD、寺岡アザミEもまだ小さい株です。

力の元は特別な土と肥料

人間もまだ寒さに震え上がる時期。この庭には小さな葉っぱたちと、前年に植えつけた一年草の花が少し見えているくらいです。一見すると冬の間の植物が少ないさびしい庭のようですが、実はそれぞれの植物たちが次のステップに向けて力をため込んでいます。力の元となるのが土と肥料です。このあとびっくりするほどの生長ぶりを見せる花木さんの庭の植物たちには、たっぷりの愛情のほか、スペシャルな土と肥料が使われているのです。

手に持ったときに重く充実した苗を選んだら、苗の倍の大きさの植え穴をあけます。そこに試行錯誤のうえにたどり着いたとっておきの元肥を入れ、苗を入れます。土をかけたら苗の根元から2〜3㎝離れたところに固形肥料を。このあとたっぷりと水やりをしますが、それで終わりではありません。一緒に木酢液もたっぷりかけて、数日以内に植物活性剤を与えています。植えつけるたびに行うことで庭全体の土壌が豊かに。

【4月初旬の庭】

少年期の庭

少しずつにぎやかになってきた庭。生長が少し早いもの、まだまだのもの……。それぞれが呼応しながら、全体に伸びています。

庭づくりの初めに骨格を考える

ビオラなどの一年草は株を広げ始め、花の数も少しずつ増えています。宿根草は庭の根幹となるものが、徐々に背丈を伸ばしてきました。幼児期に比べると地面が少しずつ隠れています。

この庭を訪れる人に「どこから庭づくりを始めたらよいかわからない」と質問を受けることが多いという花木さん。そんなときは、こう考えるようにと伝えているそうです。

まず、自分が好きで庭の自慢になるような植物を2、3種類決めること。この庭ならセントーレア モンタナや寺岡アザミ、エキナセアがその役割を果たしています。それらが毎年決まった場所に必ず咲くように植える位置を決めます。これが庭の骨格となるのです。骨格が決まれば、庭への日の当たり具合を観察して、日当たりのよい場所には光を好むものを、日が当たりにくい場所には光が少なくてもよく育つものを選びます。年数を重ねるうちに、植物の定位置が決まってくるといいます。

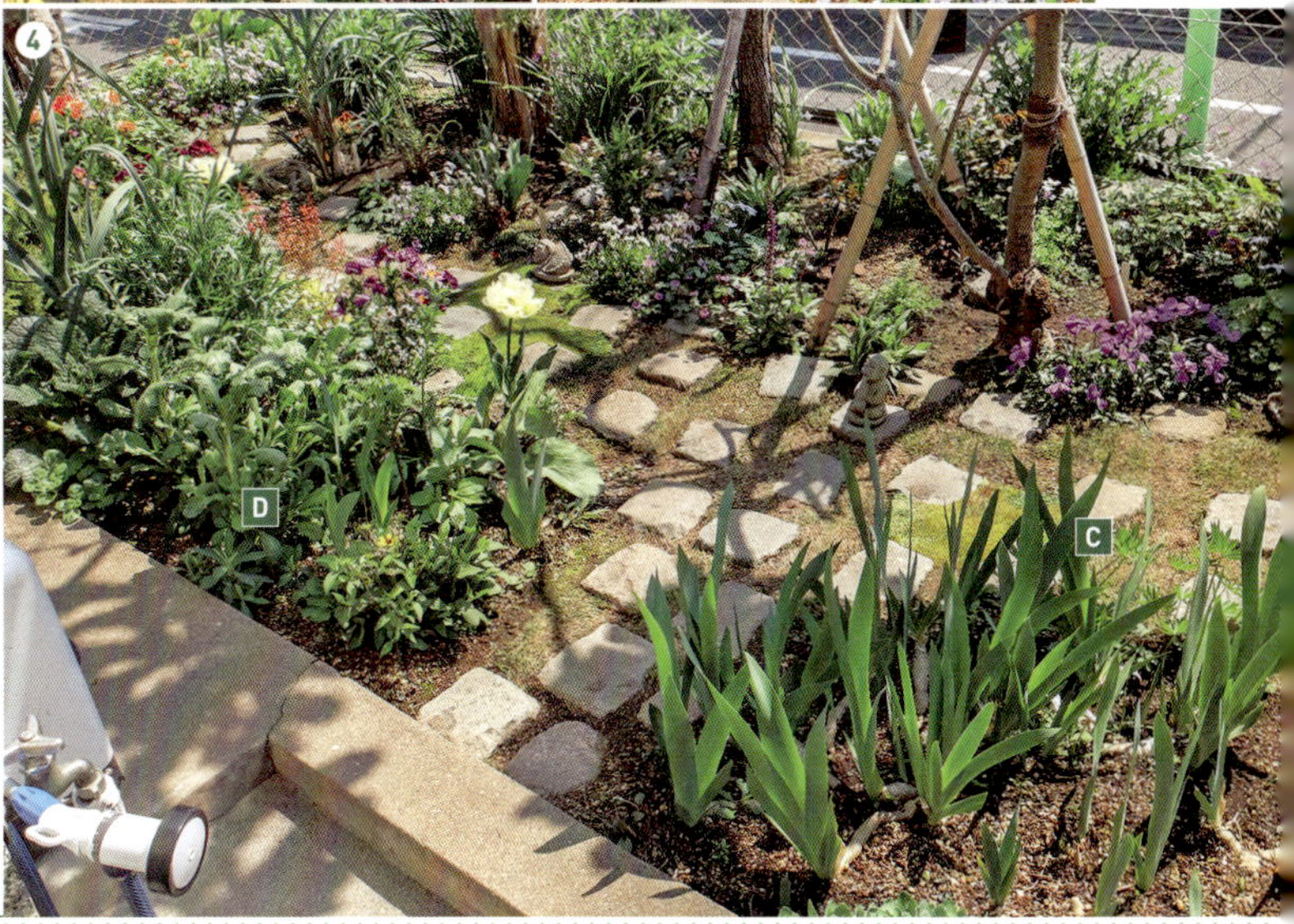

1 ヒューケラの赤い花が咲き揃いました。 **2** コルクビッチアAは芽吹き始めました。 **3** まだ見通しのよい小道。手前のビオラの隣ではペンステモンBが白い花を咲かせています。 **4** 右下のジャーマンアイリスCは株分けをして、前年よりさらに生き生きと育っています。隣の区画ではスカビオサDも丈を伸ばし始めました。

4月中旬の庭

思春期の庭

植物たちはぐんぐん生長中。それぞれの区画が一つの森のように。
小道は植物に隠れてだんだん見えにくくなってきました。

1 それぞれの植物がひとかたまりとなって小さな「ブッシュ」に。
2 寺岡アザミ**A**がすっと草丈を伸ばしてきました。
3 アジュガ**B**が花を揃え、森林のように。小道の反対側ではスカビオサ**C**とジャーマンアイリス**D**が森林を形成。

小さな庭づくりは「ジオラマづくり」

春咲きの一年草は花盛り。宿根草は見るたびに大きくなっています。芽吹いたと思ったら葉をどんどん増やしていく低木、秋に植えつけていた春咲きの球根植物はあっという間に茎を大きく伸ばして花も咲かせています。ここまで大きくなってくると、それぞれの植物がかたまりで生長していることがわかるでしょう。

花木さんは小さな庭を「ジオラマ」のように考えて楽しんでいるといいます。たとえばビオラ。ビオラの株が広がっていけば、小さな庭ではそれは「ブッシュ」です。アジュガが数株まとまれば「森林」。そう考えながら植物を植えると、同じ種類のものを数株かためて植えることで、ジオラマの中では、山ができたり草原ができたりします。山や草原のボリュームは肥料の量で調節も可能。

「小さな庭ほど、折り重なるような風情の美しさが出せる」と花木さん。ジオラマの世界で親指姫になって、この庭の中を走りまわりたくなります。

4月下旬の庭

青年期の庭

植物たちが「少しは大人になったでしょう、へへっ」と少し誇らしげにしている感じ。咲いている花も少し変化が見られます。

毎朝、健康状態をチェックする

すべての植物がブッシュ化し、ジオラマは完成に近づいてきました。一年草の花に加えて、少し前には小さかった宿根草まで花盛りに。

花木さんの毎朝の日課は、植物たちにたっぷりと水やりをすることです。

「コンテナ植えならともかく、地植えの植物に水やりは必要ないと思っている人が多いようですが、人はのどが乾くように、植物も水をほしがっています。植物は、飼っているペットと同じように生き物だということを忘れてはいけません」と花木さん。植えつけ後は月に1〜2回、追肥を施していますが、植物の状態によってはもっと頻度を多くしないといけないこともあるといいます。毎朝の水やりは植物たちの出欠確認。庭の主人は、それぞれの顔を見て、健康状態をチェックし、望むことがあればしてあげる担任の先生のようなものです。幼稚園の先生、小学校の先生、中・高校の先生と、植物たちの生長とともに、庭の主人も少しずつ役目を変えていきます。

1 手入れの行き届いた庭では、春の花、ビオラ **A** もまだ元気。**2** 樹木の葉も増え、緑が立体的になってきました。石畳の間の芝も緑に色づいています。**3** コルクビッチア **B** が開花。**4** ブッシュの足元では小さな花が咲き乱れています。

5〜10月の庭

成熟期・再生への準備

すさまじい生長期が矢のような速さで過ぎ去ったあとは、落ち着いた静かな時間を経て秋に向かいます。

1 5月中旬の庭。次第に緑も濃さを増してきました。盛夏が近いことを感じさせます。茂った葉陰で虫たちが育ち、旅立っていきます。**2** 花木さんが大好きなクロバナフウロ**A**の季節がやってきました（5月中旬）。群生させてこその、この光景。**3**カンパニュラの芽。 **4**スイセンの芽（**3**、**4**とも10月中旬）。**5** 8月になるとルドベキア**B**の群生が見ごろです。

「終わりの始まり」の庭
一年間の庭を総括

目まぐるしく景色が変わる春をかけ抜けると、しっとりと落ち着き、庭も大人になってきます。花木さんによれば「美しいけれど、終わりの始まりの庭」だといいます。植物が翌年の準備を始めるよりも一足先に、翌年、またさらに次の年へと向けた準備を始めなければならないといいます。

庭の主人は一年間の庭をまず総括。植物がしっかりした姿を残している間に、「この場所に適していない」、「ここにはないほうがよい」という植物の間引きを行います。花が終われば種ができますが、こぼれ種で増やしたいものは、あえて花がらを摘まないでおくことも必要です。そろそろ樹木もうっそうとしてきます。足元の宿根草には日が当たりにくくなってきました。中・低木は強剪定を行い、宿根草に太陽の光を届けます。成熟期を迎えてからは、水やり、施肥のほかは行わず、昆虫にすみかを提供。この庭に産みつけられた卵も、冬になる前には成虫となってここから旅立っていきます。

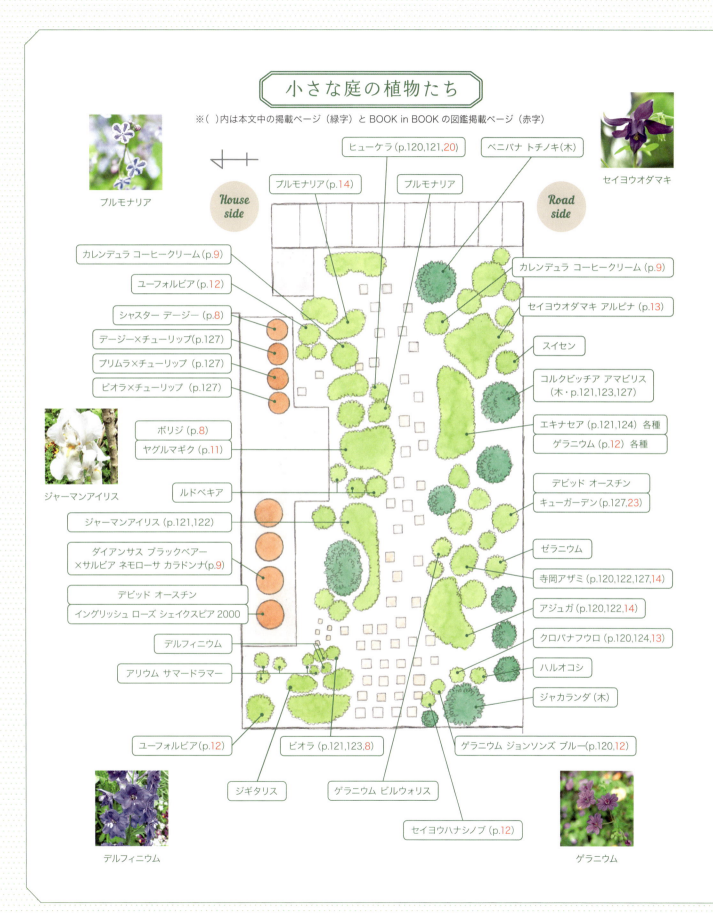

小さな庭の植物たち

※（ ）内は本文中の掲載ページ（緑字）と BOOK in BOOK の図鑑掲載ページ（赤字）

プルモナリア

セイヨウオダマキ

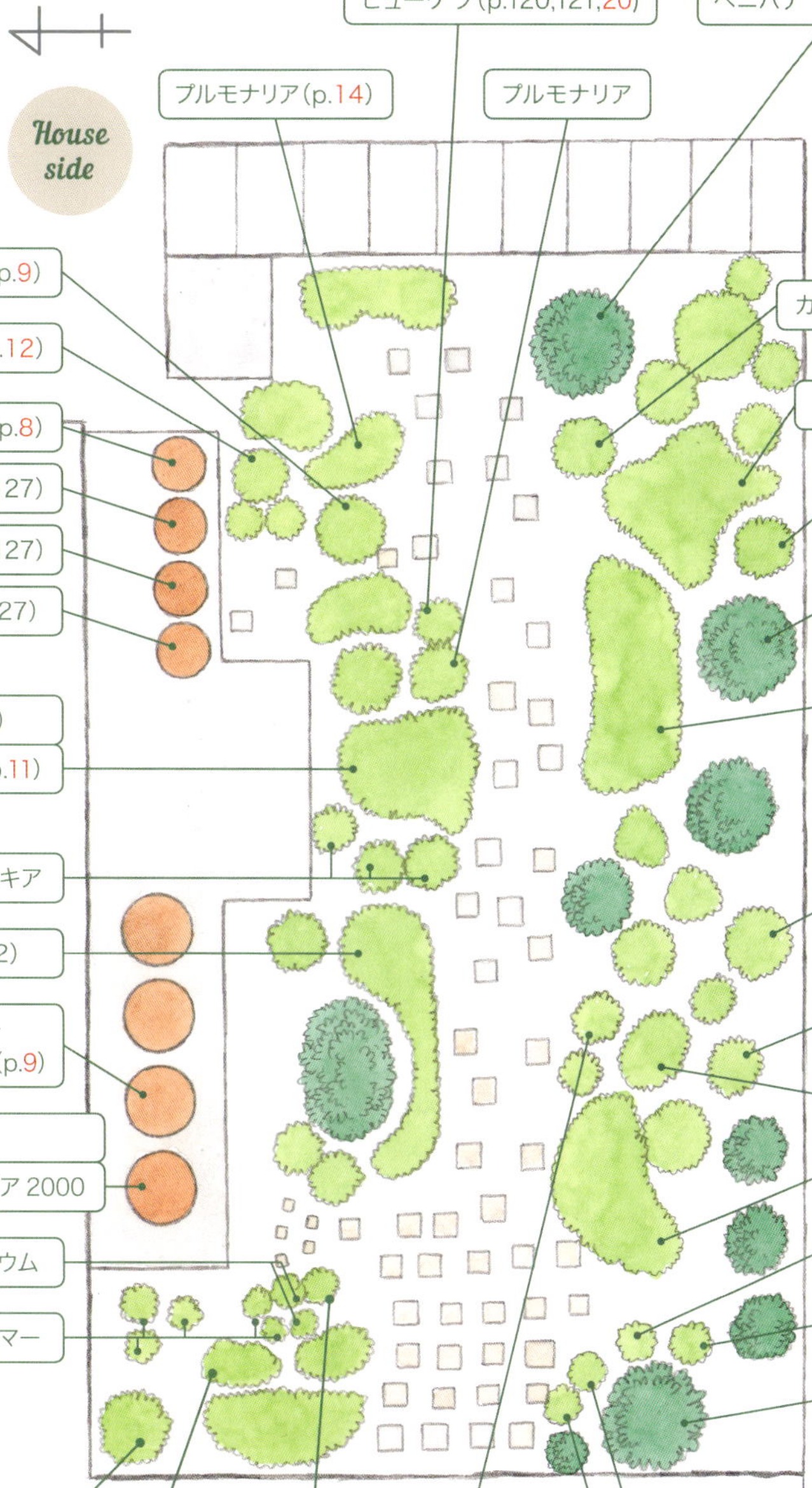

ジャーマンアイリス

デルフィニウム

ゲラニウム

グリーンフィンガーの こだわり

NO.1

土づくり・肥料

土と肥料をしっかり手当てすることで、翌年、翌々年の庭の地力をつけていきます。花木さんがこれまでの経験で選び抜いたものを紹介します。

肥料

追肥用の天然有機肥料「バイオゴールドオリジナル」。

「バイオゴールドクラシック元肥」は健康な根をつくり、土壌も豊かに。

植物の活力剤「メネデール」。

オーガニック材料による液肥「バイオポストリキッドサム」。

土づくり

「発酵牛ふん」は完全に発酵し、においがなく良質なもの。

「五つ星の培養土」は用土、肥料とも絶妙な配合バランス。

山野草のエリアには水はけがよい専用の「山野草の土」を。

「バイオマスター」は土の再生や追肥に。

NO.2

庭しごとの道具

庭づくりの相棒であるガーデンツールも試行錯誤しながら選びました。植物を人間のように愛している花木さんにとってガーデンツールは「人生のパートナー」です。

散水ノズル・噴霧器

散水ホースの先に取り付けるノズル。植物の根元にもしっかり届くよう、柄の長いものを使用しています。

木酢液は噴霧器で散布。植えつけや水やりのあとに。葉の緑が美しくなり、害虫予防にもなります。

ガーデンツール

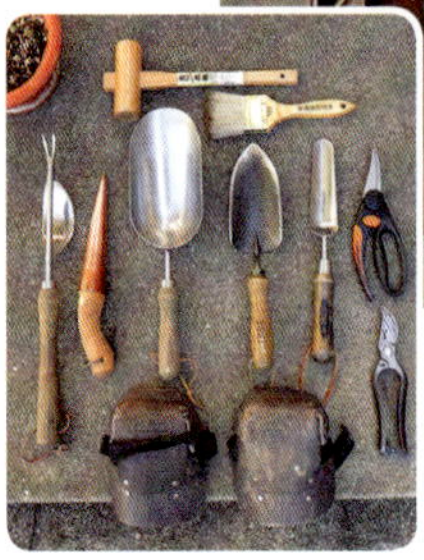

大切な相棒であるガーデンツールのメンテナンスは欠かせません。使用後は、必ずピカピカにしてしまっています。

NO.4 こだわりの草木

この庭の骨格をなす樹木や草花たちは、ほかではなかなか見かけないものばかり。それなのに個性がぶつかり合うことなく、調和しています。

赤い花を咲かせるベニバナトチノキと隣り合うコルクビッチア アマビリス。この2つの花が揃うと庭は一気に贅沢な空間に。

江戸時代に改良された園芸種のアザミ‘寺岡アザミ’。日本人に長く愛されてきた花です。

ラッパ状の花をたくさんつけるコルクビッチア アマビリス。

NO.3 チューリップ

チューリップは春の庭の主役。「個性的な形のチューリップは、宿根草ととても相性がよい」と花木さん。次のシーズンにはぜひ試してみてください。

ユリのように咲くチューリップ‘プリティーウーマン’。足元には見元園芸オリジナルビオラ。

深いチョコレート色のチューリップ‘クィーン オブ ナイト’。ここで何年も育っているプリムラと。

チューリップ‘レッドウッド’とゲラニウム‘ビルウォリス’の組み合わせ。

葉がフリルのようになって華やかな姿のチューリップ。足元はデージー。

純白の一重咲き‘キューガーデン’。とげが少なく扱いやすいバラです。

深い赤紫の‘ラプソディ イン ブルー’。半八重咲きのバラは特に宿根草とマッチします。

丸くかわいらしいカップ咲きの‘パットオースチン’。濃厚な香りに包まれます。

NO.5 こだわりのバラ

花木さんは、苗屋さんも持て余していた元気のないバラをこの庭で蘇生。宿根草には伝統的なイングリッシュローズが似合うそう。

アドバイス

松田行弘　**Yukihiro Matsuda**

庭のデザインとアンティーク家具や雑貨を扱う「BROCANTE（ブロカント）」オーナー。センスあふれるガーデンデザインにファンが多い。著書に『庭と暮らせば』『緑と暮らせば』（ともにグラフィック社）『バルバス・プランツ一球根植物の愉しみー』（パイインターナショナル）など。

井上華子　**Hanako Inoue**

「Green Cottage Garden」主宰。ガーデンデザイナー。公共施設や個人宅のガーデンデザイン・施工を行うほか、自治体主催の各種園芸教室講師も務める。入手しやすい草花で素敵な空間づくりをする指導が好評を博している。

取材協力

BROCANTE（松田行弘、渡邉賢介、山岸かおり、宇津木英俊）
http://www.brocante-jp.biz

Green Cottage Garden（井上華子）
http://www.gcgarden.com

北中植物商店（北中祐介）
http://www.kitanakaplants.jp
（施工：渡邊邸、坂本邸、月田邸、竹部邸、麻生邸、M邸、F邸、H邸）

花木秀夫

STAFF

撮影／矢野津々美
ブックデザイン・DTP／佐久間麻理（3Bears）
図版・イラスト／角 慎作、宮下やすこ
執筆／岡田稔子（やなか事務所）
企画・編集／朝日新聞出版 生活・文化編集部（森 香織）
構成・編集協力／東村直美、岡田稔子（やなか事務所）

アサヒ園芸BOOK

一年中《いちねんじゅう》センスよく美《うつく》しい

小《ちい》さな庭《にわ》づくり

編　著　朝日新聞出版

発行者　片桐圭子
発行所　朝日新聞出版
〒104-8011　東京都中央区築地5-3-2
（お問い合わせ）infojitsuyo@asahi.com
印刷所　大日本印刷株式会社

ISBN　978-4-02-333201-0